A DECADÊNCIA DA MENTIRA E OUTROS ENSAIOS

OSCAR WILDE

A DECADÊNCIA DA MENTIRA E OUTROS ENSAIOS

TRADUÇÃO E PREFÁCIO
JOÃO DO RIO

COLEÇÃO
BIBLIOTECA DIAMANTE

EDITORA NOVA FRONTEIRA

Título original: *Intentions*

Editora Nova Fronteira Participações S.A.
Rua Candelária, 60 — 7.º andar — Centro — 20091-020
Rio de Janeiro — RJ — Brasil
Tel.: (21) 3882-8200

Dados Internacionais de Catalogação na Publicação (CIP)
(Câmara Brasileira do Livro, SP, Brasil)

Wilde, Oscar, 1854-1900
A decadência da mentira e outros ensaios / Oscar Wilde; tradução João do Rio. – 1. ed. – Rio de Janeiro: Nova Fronteira, 2021. – (Coleção Biblioteca Diamante)
200 p.

Título original: *Intentions*
ISBN 978-65-5640-260-4

1. Ensaios 2. Literatura irlandesa I. Título II. Série.

21-64444 CDD-823

Índices para catálogo sistemático:
1. Literatura irlandesa 823
Aline Graziele Benitez – Bibliotecária – CRB-1/3129

SUMÁRIO

AOS EDITORES

Venho agora de percorrer Veneza. São 11 horas da noite. Faz um tempo delicioso neste começo de primavera, em que o tempo, segundo os venezianos, anda enamorado. Tão bem me sinto e tão possuído pela esparsa sedução das coisas que não tomei um dos *vaporetti* rápidos e banais, mas vim de gôndola, com um único *barcaiulo*, silencioso e velho, à popa do negro esquife sugestionador. E, ao entrar nos meus aposentos do Lido, depois de uma interminável viagem, dando as costas a Veneza e encarando o bramir do Adriático liberto e feroz, dou com as provas das *Intenções*[1] sobre a mesa de trabalho.

Há quanto tempo andam essas provas comigo, à espera de um prefácio! Lembra-me bem o trecho da vossa carta: "Desde que o seu desejo e o nosso é divulgar as obras do Grande Poeta em língua portuguesa, desde que a comum vontade é tornar bem conhecido Wilde, achamos de absoluta necessidade um prefácio do tradutor. Wilde é tão mal conhecido..."

---

1. Originalmente, esta obra foi publicada com o título *Intenções*, em tradução direta do original, *Intentions*. (N.E.)

A princípio não vos dei razão, preso do temor de não poder dizer as coisas magníficas que deviam ser ditas em se tratando do maior poeta moderno, de gênio inquieto e prestigioso. Quando um homem não faz profissão de tradutor — o traduzir uma obra única significa bem a admiração absoluta. Quando esse homem não é propriamente um cretino e dá provas de saber, de compreender a beleza, a sua admiração basta para indicar ao público o trabalho de incomparável destaque. Para que um prefácio e principalmente às *Intenções*, que são como o prefácio da obra de Vida e de Beleza de Wilde? Ao traduzir a prodigiosa *Salomé* — que o público amou e da qual alguns pobres homens sem espírito falaram felizmente mal — eu me limitara a algumas notas biográficas, um esqueleto cronológico. Ao traduzir *Intenções*, jamais me acudira a possibilidade de interpretar em meia dúzia de páginas a arte, o poder sugestivo, a fascinação assombrosa do gênio irlandês. Para que um prefácio? Vi, porém, que o vosso desejo persistia, e tristemente comecei a ler não os livros que a respeito do Poeta têm sido escritos, mas os prefácios, os lamentáveis prefácios que as inúmeras traduções das suas obras fazem escrevinhar publicistas da França, da Itália, de outros países.

Ah! Para compreender o trivialismo, a vacuidade, a estreiteza de sentir, a fúria do escândalo vulgar desta época de *parvenus*, de filisteus, de arrogante burguesia, de nulificação estética — basta meditar sobre os prefácios, sobre a ignomínia desses editores que, quando não falsificam inteiramente, procuram vender uma obra casta e imortal, recorrendo a lembranças de um escândalo e entrando em detalhes da vida de Wilde torpemente inverossímeis!

Oscar Wilde, como todo gênio, foi um predestinado. O Destino, na sua misteriosa e divina sapiência, acendeu-lhe em tomo não só a candelária do triunfo, como a atenção invejosa do vulgar. Aos vinte anos era um extraordinário poeta. Saía de

Oxford com a coroa de ouro. Aclamaram-no e invejaram-no logo, dizendo que esse homem magnífico copiava os seus versos. Qual o artista verdadeiramente grande, que não tenha sido acusado em primeiro lugar de plagiário? Faltam-nos dados a respeito de Homero. Mas depois de Homero nem um só escapou à sanha feroz dos medíocres. Esse encontro com a insignificância do sentimento ambiente e uma viagem à América completaram-lhe a educação, a formação da alma, de tal forma que, ao contrário de todos os homens suscetíveis de melhorar ou piorar de hora em hora — Wilde fixou o seu amor, a beleza, à sua definitiva concepção, da vida e das coisas, o curso que teria a sua vida inteira, às obras futuras e à sua melhor obra que era a da sua própria vida. A obra de arte parece sempre um resultado do acaso. Nem Miguel Ângelo, nem Shakespeare, nem Horácio indicaram, num livro somente, os atos, as preferências, as obras que teriam de realizar. Wilde, ao entrar na vida, no momento mais inquieto da existência humana, adivinhou tudo. Um espírito perverso parece ter-lhe mostrado as tábuas do Destino. Ele viu, sorriu, não tremeu, e veio dar ao mundo uma nova e perturbadora forma de compreender. E o livro que enfeixa o segredo extraordinário, livro escrito aos 23 anos, antes de qualquer outra obra, o livro biografia *a priori*, o livro que diz todo o Wilde desde a mocidade até a morte obscura numa obscura rua de Paris é: — *Intenções.*

Só o prodígio de dizer em plena juventude o que será na continuação da vida; só a certeza dessa concepção nova da existência, definitiva numa idade em que se começa a negar o que nos satisfaz; só o poder de sedução dessa biografia de uma alma — poder de sedução enorme, porque a influência de Wilde é cada vez maior e nos melhores escritores das mais diversas escolas vivem e cintilam ideias suas; só esse livro vale uma época literária. É o mais estranho livro da arte humana.

Mas no momento do seu aparecimento não o compreenderam assim. *Intenções* fez o seu autor entrar em plena apoteose. Os salões disputaram-no. Wilde era um reformador da estética. Aquelas ideias de compreender as coisas pelo lado até então não compreendido, de fazer o paradoxo inebriante, de fazer a natureza serva da arte, agradavam ao momento esnobe. Wilde era rico; podia realizar o sonho que depende da fortuna. Wilde era original; nunca cometia um ato que fosse vulgar. Wilde era um prestigioso prosador. A sua conversa era um sonho oriental e ele conversava sempre como se escrevesse frases maravilhosas. O seu prestígio de arte, o seu poder sedutor faziam-no de tal forma senhor que, em Paris, os maiores escritores franceses, que são os melhores e também os mais egoístas do universo, sentiram a prisão dessa palestra maravilhosa. Conta-nos Stuart Merril que a admiração o envolvia; diz-nos Henri de Regnier, num retrato em que se acentua a bondosa serenidade de Wilde diante do elogio e a maneira por que vivia disputado pelos grandes artistas, que uma senhora, ao ouvir falar Wilde, viu a aureolar-lhe a fronte um halo de luz; e um outro artista considerava a sua palestra mais bela e rica que a do próprio Stéphane Mallarmé. A cultura dessa atitude única, de fazer uma vida admirável, obstava-o de trabalhar muito. Escrevia rapidamente para ir conversar. E assim escreveu, em menos de trinta dias, o extraordinário livro que é *O retrato de Dorian Gray*. E assim escreveu as suas comédias. E assim escreveu os seus poemas. Um momento, em Londres, os seus livros vendiam-se aos milhares, três teatros representavam ao mesmo tempo trabalhos da sua lavra; e a sociedade refinada ouvia as suas frases como decretos, enquanto Paris o admirava. Wilde era alto e amplo, com uma face de imperador romano. Vestia com elegância magistral; fumava constantemente cigarros egípcios ponta de ouro — porque o cigarro é o único prazer que não satisfaz, e querendo parecer com o busto de Nero no

Louvre, usava uma bengala de turquesa, escrevia numa mesa que pertencera a Carlyle, e nos salões irradiava sonhos falando vagarosamente coisas magníficas.

Quem, ao ler *Intenções*, poderia imaginar nesse livro mais que a atitude inicial de um espírito paradoxal? Stuart Merril diz de tal obra: — Livro impertinente e paradoxal no qual o autor se divertia em inverter os aforismos preferidos da burguesia...

E, entretanto, *Intenções* é o resumo de toda obra futura de Wilde, da sua concepção da vida e principalmente da sua existência. Ainda agora, enquanto sob o luar infinito, sob o céu baixo do Adriático, o oceano esbraveja temeroso, releio as provas que me mandastes há tanto tempo. E em primeiro lugar a teoria da arte individual. Muitas das frases desse diálogo são repetidas quase inconscientemente através da sua obra. Que diz ele?

— Não há senão um pecado: a estupidez. A vida imita melhor a arte que a arte a vida.

E noutro lugar, ao acaso?

— Uma obra de arte é o resultado especial de um temperamento único.

Mas aí, Wilde assegura que a vida é a cópia, a sugestionada dos grandes artistas, porque principalmente quando escrevia tais coisas, além dos exemplos fartos e sedutores, ele tinha o exemplo da sua vida que era feita segundo a sua arte. Logo adiante há o estudo de curioso envenenador, sob o título: *Pena, lápis e veneno*. Nunca um escritor paradoxal tomou da pena no início da sua carreira com uma tão profunda consciência do desastre final. Esse envenenador pintava, escrevia, conversava esplendidamente, era recebido pela melhor sociedade e era ladrão e era envenenador. Wilde trata-o com uma simpatia assustadora. Era a sua vida, o terror da fatalidade! Nesse estudo, só lhe merecem censura as provas de cinismo, que nunca teve, de cinismo estúpido. E, se há nele breves frases desenvolvidas depois do terrível processo que o matou, no livro póstumo *De profundis*, há também uma nota dolorosíssima e verdadeira infelizmente.

— A sociedade esquece frequentemente o criminoso, mas não esquece o sonhador.

E em todo livro, na teoria da crítica, essa obra de forma grega, no seu divino amor pela juventude, no imprevisto da frase, na fé cega da força da ilusão que é o magnífico estudo sobre a *Verdade das máscaras*, na crença pura na Inteligência, e nessa forma inquietante e inquieta, que sugere tantas coisas não ditas, está o Wilde dos diálogos perversos das comédias, está o Wilde tríplice que aparecerá no *Dorian Gray*, está o Wilde carregado de gemas e de imagens da *Salomé*, está o amoroso da beleza e da juventude dos poemas, está mesmo o pobre Wilde do *De profundis*. Imaginastes alguma vez uma vida artística que começasse pela afirmação de *Intenções*, que as realizasse e que enfim terminasse por um *De Profundis*? A obra de Wilde é mesmo uma vasta explicação, um fascinante comentário à sua extraordinária vida, que copiou a arte e foi como um poema. Ele a explicou em livros, como explicava as ideias originais em contos, parábolas. De resto, os gênios participam do poder divinatório dos deuses. Wilde sabia até quantos anos tinha de felicidade, e por isso usava dois anéis: um que atraía a sorte, outro que chamava a desgraça. Ela veio mesmo porque ele o quis, como para fazer ponto final à inquietação perpétua que o possuía. Sabem todos mais ou menos o grotesco, o trágico, o lastimável processo. A sociedade inglesa — e para ter a certeza disso basta um mês em Londres —, composta de seres fisicamente fortes e belos, tem, como direi?, uma herança muito mais intensa do prazer carnal da Grécia e de Roma que qualquer país latino. Apenas enquanto os latinos exibem prováveis possibilidades de vício, o inglês tem a aparência do respeito e se encolhe numa brutal hipocrisia. No momento em que Wilde chegava ao fastígio da fama, a corrupção andava de tal forma a alastrar-se que essa mesma hipocrisia conservadora ameaçava ruir. Muita gente falava abertamente e não no seu quarto, com os termos que Platão empresta a Alcebíades. Um velho idiota, bastante original, para, por vingança, perder no conceito da moral a família, acusou de perverter o seu próprio filho a Wilde, artista magnífico, casado com uma mulher que o amava, pai de dois filhos belos. — Esse filho era lorde Douglas, poeta, maior de 21 anos... Wilde podia não responder. Mas respondeu citando o velho delirante perante o tribunal por crime de calúnia. E não se defendeu. Ao contrário. Respondeu ao interrogatório tecendo paradoxos, destilando frases de sentido perigoso. Imediatamente, o ódio inconsciente, tanto tempo reprimido da turba contemporânea pelo artista, rebentou. Os amigos, os raros, aconselharam Wilde a fugir, vendo bem o fim da comédia. Ele porém insistiu. Queria o fim e procurou-o como a solução de um drama. E o mundo viu o esplendor subitamente afundado em sombra, o homem magnífico acordar num leito de argento para descer ao cárcere, o admirado, obedecido, horas antes, vestido com as roupas dos galés e cuspido pelos ignaros e os vis, o incomparável que se lavava em essências raras, obrigado a chafurdar num tanque com mais nove sujos criminosos vulgares; as mãos que tinham composto frases mais belas do que joias, crispadas e em sangue a desfiar cordas alcatroadas; e aquele ser excepcional, cuja cabeça guardava todo o sonho da renascença, preso ao suplício da roda...

Ninguém ignora por que o tribunal condenou Wilde. "Foi para dar um exemplo, para reprimir os abusos com o castigo exemplar numa individualidade culminante." Essas frases ouvi-as eu muita vez em Londres; e dava-me um grande medo de pensar que seria de Miguel Ângelo se os tribunais de Itália tivessem pensado do mesmo modo. Mas, de fato, esse tribunal, expoente de um povo, sem ideias vagas e sem idealismo não condenou o caso — que multíplice e hórrido corre as ruas de Londres; condenou sim o idealista, o autor das frases que desmanchavam conceitos antigos, o revelador de um estado inexplicável da mentalidade atual, o maravilhoso ilusionista — que pelos ingleses tinha um desprezo absoluto. Não foi um crime vulgar e estúpido. Foi o autor de uma obra, extraordinariamente casta, onde não há um termo grosseiro, onde não há uma expressão bruta; mas que é de uma sensualidade inebriante e de uma perversidade sugestionadora incrível. Sem aconselhar, sem contar uma só torpeza, Wilde infiltra em cada cérebro um infinito desejo de beleza e a revolta calma, a derrubada radical da velha moral. Foi o escritor, e não o amigo de lorde Douglas, o condenado.

Wilde, entretanto, realizara o incêndio da sua vida.

Não se matou — porque condenava o suicídio e, no dizer de Spinoza, o pesar é passagem para a perfeição. Mas acabou com a *Balada do C 33* e com o *De profundis*. Neste livro Wilde escreve:

— A Moral não me socorre. Nasci para a exceção e não para a regra. A Religião para nada me serve. Os meus deuses habitam templos construídos pelas mãos dos homens... Só é espiritual o que cria a sua própria forma. A Razão nada me adianta, porque me diz que as leis que me condenaram são más e injustas como é mau e injusto o sistema que me faz sofrer.

E a André Gide, ao sair da prisão, dizia:

— A minha vida é uma obra de arte. Um artista não recomeça duas vezes a mesma coisa ou, se a recomeça, é um falho. A minha vida antes da condenação foi, quanto possível, perfeita. Agora é uma coisa completa. Mas teria um país o direito de ir ao encontro do poeta, realizando o crime de condená-lo, só porque incapaz de compreender a sua obra? Não fizeram outra coisa os bárbaros que sucessivamente entraram em Roma, quebrando mármores, esfarelando mosaicos, torcendo bronzes, desvendando túmulos. E essa obra era de fato mais perversa que qualquer outra grande obra? Não. Toda grande obra plástica é uma perversão do sentimento geral porque o modifica melhorando-o. Não foi Leonardo um perverso criando um sorriso e um olhar que dizem coisas infinitas? Há nada de mais perverso que o Perseu de Benvenuto? O reler uma biblioteca de várias épocas seria uma lição da perversão que melhora e sugere outros estados de alma. O percorrer as galerias de arte é sentir palpável a perversão fazendo nascer outras ideias e outros prismas da vida. Quando porém o artista é gênio, como Shakespeare, como Fídias, como Cellini, como Botticelli, como Buonarroti, como Murillo, como Goya, como Balzac, a sua obra eternamente age através das épocas, modificando temperamentos, sistemas de moral, pervertendo o atual num sonho de melhor, e sempre com prismas novos e novos aspectos. Wilde era dessa embateria limitada.

Por isso talvez e por ser ele grande demais, senti-me acabrunhado ao pensar no prefácio a uma obra fundamental como *Intenções*. Em Londres, onde já agora de novo mostram-lhe os volumes, foi-me impossível escrever uma linha. Em Roma, onde contava com a sugestão ambiente, veio-me maior a certeza de não poder. Em Paris, apesar de ir frequentemente aos lugares por onde passara a grande obra de arte, fui incapaz também. E assim em Nápoles, onde os repórteres contam tantas mentiras de Wilde, e assim na Côte d'Azur, onde não poderia sentir Wilde, e assim em Florença, e assim em Constantinopla — nesse nomadismo a que certos temperamentos não se podem furtar — porque o nomadismo é uma triste doença de arte e de curiosidade.

Há pouco, porém, no cais Schiavone, ao olhar o Danielli, onde se albergava Wilde, depois de passar pelo Florio, que como no fastígio de Wilde serve sorvetes deliciosos, e quando cortando a onda muda a gôndola partiu, senti que em nenhuma outra cidade poderia falar de Wilde. Oh! a semelhança das coisas com os seres vivos! Se quiséssemos compreender o gênio complexo de Wilde, a sua ousadia, o seu paradoxo, os seus vícios, o seu amor pela beleza, pela juventude, pelo imprevisto, o seu gozo de luxo, a sua crença pesada de todas as crenças do mundo, a sua amoralidade — esse barroco portentoso da obra que de tudo quanto é belo tem, e a sua ondeante alma inquieta em torno da ideia de pedra, bastaria pensar em Veneza e recordar a cidade incomparável feita de mármore e água. Sim. Veneza. A Veneza conquistada ao mar por um bando confuso de homens fugidos de vários pontos da península a soçobrar na barbaria e no delírio do sangue; a Veneza forte das conquistas pelo Adriático abaixo e para além, à frente, até Constantinopla; a Veneza dos mercadores guerreiros, que se batiam não só para vencer, mas para enriquecer; a Veneza filha espiritual de Roma-Império construída desde o início de vários povos, dos despojos de muitas cidades, feita de assombros como o marco do Ocidente, à beira do Oriente; de Veneza a Dominante dos cortejos triunfais, dos doges do conselho dos quinhentos, do mistério, do fausto, das procissões, dos fogos de vistas à luz do sol e das cortesãs sagradas vestidas de tecido de ouro e envolvidas em pérolas; a Veneza dos fidalgos artistas e dos torneios a que Petrarca assistia, das academias preciosas e da alegria embriagadora; a Veneza que se fazia como um sonho fabuloso, que se organizava obra de arte única no mundo, com o êxtase da sua laguna, o segredo dos pequenos rios, o cenário de legenda do canal grande; a Veneza das prisões que Napoleão não compreendia, da ponte dos suspiros, onde os rapazes descobriam países, aos vinte anos, onde as mulheres sabiam amar, onde a magnificência pasmava o mundo; a Veneza pátria das máscaras, onde a máscara foi a veste do rosto, pátria do Carnaval, esposa do oceano, alalá dionísico da vida; a Veneza das rendas feitas de espuma e dos cristais feitos da transparência luminosa das águas que envolvem a velha e sempiterna Murano; a Veneza que fez a miniatura, deu-nos o sonho delirante de Tiepolo, o esplendor do Ticiano e o palácio de rendas, onde habitava o doge, e S. Marcos — S. Marcos congestão do sonho universal através das épocas, que, começado em 829 sendo doge João Partecipacio, à volta de Malamoco e Torcello, de Alexandria, se fez de todos os estilos, do gótico e do bizantino, do sarraceno e do grego, dos cilícios cristãos e do gozo oriental, forrou-se de mosaicos que são uma história da vida, forrou-se de ouro e de joias trabalhadas, gravou-se da alma dos *protomastros* que a criaram, guardou as criações do gênio veneziano, e tem à cúspide principal, entre os voos dos pombos irisados, os cavalos de ouro do templo de Nero convertidos na permanência de S. Sophia...

Sim! a sua obra é assim, ingênua e perversa, afinada como um mosaico bizantino, opulenta como a pala de ouro, incrustada de pedrarias e perturbada como o brilho das pedras dos sacerdotes, clara e confusa, magnificente e incrível. A fascinação que Veneza continua a exercer, a perversão, o veneno de Veneza, que atraiu sempre a humanidade, o formoso desta cidade construída sem simetria, de mármores do orbe inteiro, de pórfiro e de basalto, de mármore velho como o marfim e mármore novo de Carrara, de mármore azul, e amarelo, e verde, e cinza, e roxo, e negro e rosa, estão na sua obra como uma réplica espiritual. E não só os templos que encobrem uma crença que é apenas fetichismo, não só os palácios que encobrem mistérios de amor, e crimes e venenos, não só os canais esverdinhados que apertam como sedas frouxas a cortesã fatigada, não só as gôndolas negras, cujos remos harpejam pratas úmidas entre as casas tristes, mas a atmosfera de sonho, o ambiente de pérola diluída e de opalas irisadas, essa sinfonia de luzes suaves que vos assassinam como êxtases, essa suntuosa música da cor, entre as músicas que fazem a Dominante, leve, imponderável, movediça, e infinitamente perturbadora...

Mas não penseis que Oscar Wilde tivesse sentido essa semelhança, como Jean Lorrain sentiu a da Costa Azul com as suas perversões. Não. Wilde era um criador, preocupado com o seu fim: com um crime de cujo castigo era possível ou não escapar. Na sua obra em prosa há apenas, creio, duas referências a Veneza: uma no *Crime de lorde Arthur Saville*, em que o jovem lorde espera na cidade das lagunas a notícia da morte de uma velha parenta, depois de tomar um veneno por ele preparado; outra em *Dorian Gray*, depois que o jovem admirável mata o pintor. E ainda aí a recordação é devida aos versos de Gautier.

L'esquif aborde et me dépose
Jettant son amarre au pilier,
Devant une façade rose,
Sur le marbre d'un escalier...

Dorian Gray é um pouco de Wilde, e Dorian pensa:

— Veneza, como Oxford, fora para ele o verdadeiro fundo de todos os romances, e para romântico convicto o fundo é tudo ou quase tudo...

Pequenas frases que à primeira vista nada dizem e são no fundo como confissões inconscientes, rápidas intuições instintivas, que passam como relampos.

Ah! meus amigos, quem poderá escrever um dia o trabalho de crítica verdadeira, a síntese dessa obra de arte e de vida, em que a vida vive de arte e a arte vive da arte da vida? Quem fará num livro ou em cinquenta páginas a fixação dessa figura única, sem recorrer a fáceis insinuações ignominiosas e a diminuir o gênio com ares de juiz complacente, diante de um fato que a moral de há mil anos não condenava, que a moral do trivial acha horrível, e que é simplesmente uma tara, uma moléstia hereditária de que o menos criminoso, entre o passado que o fez e o presente normal que o alimenta às escondidas, é o paciente? Quem fará essa obra, sem piedades ou ódios, porque o Gênio é privilegiado, é divino e não suporta a piedade? Eu, certamente, não. Faltam-me forças. Seria preciso ter o espírito com o ímpeto de Dionísio adolescente e a leveza voadora do Hermes de bronze verde que lá está numa das salas do museu de Nápoles. Decididamente, é impossível escrever qualquer coisa de perdurável sobre alguém que, adolescente, imaginou uma arte e uma vida de acordo com a sua arte, e passou até o desastre, através das mais belas coisas, obsedado pelo desastre que teria de vir. E uma tragédia de Ésquilo na pompa alucinante e no colorido embriagador da catedral de Veneza. O melhor é lê-lo e admirá-lo. Apenas. Admirar mudamente é ainda a mais difícil, a mais rara, a mais rica, a mais sincera, a mais nobre das atitudes. E escrever é, nesta época de poetas a todo preço e de prosaísmo ávido de escândalos insignificantes — coisa tão mal apreciada —, que o melhor é não fixar jamais no papel nem o sonho, porque de imponderável passa a petrificar-se, nem o entendimento superior, porque irrita a maioria e cria o ódio, o ódio implacável desses indivíduos de pequeno desenvolvimento intelectual, a média social, os diretores de tudo — que são em virtude dessa mesma pequena elevação muito piores do que os selvagens puros e os bárbaros ferozes. Mas vejo no relógio que são duas horas da manhã. Abro a janela. Na praia encantada, o mar parece banhar a sua louca melancolia na loucura tormentosa dos vagalhões febris. Tudo é de prata, de opala e de ônix. O mar e a lua, a sempre casta que amou Endimião! Os dois elementos formadores de todas as loucuras terrenas! E há aqui perto uma dolorosa música: um violino que soluça, uma queixa que parece a ária de um rouxinol aflito, e uma larga voz como saindo da sombra. Lembro o Shelley: "Música, chave de prata que abre a fonte das lágrimas, onde o espírito bebe até perder-se a mente, suavíssima tumba de mil temores, onde a Inquietação, como uma criança adormecida, jaz entre flores…" Não; saiamos. Que maravilhosa noite! Está resolvido. Mando-vos as provas já e fica o prefácio para um outro volume, quando tiver menos entendimento, e puder escrever sem pensar que a empalideço, dessa criatura radiosa que amou a vida, a juventude, o prazer irradiante de existir com beleza, e que, no radioso êxtase desse amor, vivamente ardeu como a própria inquietação diante do futuro num holocausto incrível. Tudo em torno diz o mistério. Melhor é viver junto à Esfinge que tentar decifrá-la.

João do Rio
Lido, Veneza — março de 1911.

NOTA DO TRADUTOR

Esta tradução foi feita sobre a edição inglesa, publicada em Paris, com o auxílio de traduções italianas e francesas. As notas explicativas das alusões e referências do texto são da tradução francesa. Aproveitamo-las porque expõem amplamente o que a um leitor pouco conhecedor da vida inglesa seria difícil de apreender. Como na tradução da *Salomé*, e como nas outras obras de Wilde a aparecer, não nos moveu o intuito senão de trasladar com o seu movimento, as suas insistências, os seus ritmos, a sua inconfundível feição o trabalho do poeta. Seria profundamente disparatado o desejo de alguns espíritos de má vontade à aparição da *Salomé*: que o tradutor fizesse da tradução uma obra sua — como os comediógrafos de Nápoles com os *vaudevilles* franceses —, ou lhe tirasse a fisionomia dando-lhe um outro estilo. Traduzir Wilde no estilo de João de Barros seria tão estapafúrdio como traduzir Coelho Neto no estilo de Montaigne, ou Montaigne no estilo de José Veríssimo. O estilo é aparência da alma, é a roupagem das ideias e dos sentimentos — é a expressão, a atitude escrita. Para traduzir Flaubert é preciso mais do que modelar no mármore academias modernas, baixos-relevos graníticos. Para traduzir Antônio Vieira, só Montesquieu depois de ter lido os casuístas. Para traduzir Wilde é preciso ver que a sua obra é como os mosaicos das basílicas antigas, como as tapeçarias de Aracio, como as rendas, como os tecidos, imagens que se justapõem e muitas vezes ingênuas sugerem grandes coisas, e muitas vezes perversas prendem e apavoram. O estilo de Wilde é o estilo que conversa, que ouve ou que narra.

É o movimento e o fácil no esplendor. Exatamente por isso procuramos quanto possível conservar-lhe a característica.

J.R.

A DECADÊNCIA DA MENTIRA

UMA OBSERVAÇÃO

DIÁLOGO

Personagens: CYRILLO e VIVIANO

Cenário: A biblioteca de uma casa campestre.

CYRILLO, *entrando, do terraço, pela janela aberta.* — Meu caro Viviano, não te tranques o dia inteiro na biblioteca! A tarde está adorável, o ar, delicioso. O arvoredo cobre-se de uma névoa que lembra o rosado veludoso de uma ameixa. Vamo-nos estirar na relva, fumar cigarros e gozar a natureza.

VIVIANO.[1] — Gozar a natureza! Felizmente, perdi essa faculdade! Diz-se que a Arte nos faz amar ainda mais a Natureza, nos revela os seus segredos e que, examinando Corot e Constable, nela descobrimos coisas que nos haviam de todo escapado.

Eu penso que, quanto mais estudamos a Arte, menos a Natureza nos preocupa. A Arte só nos ensina d'Ela a sua falta de conclusões, as suas curiosas crueldades, a sua extraordinária

---

1. Wilde chamou Cyrillo e Viviano seus dois filhos.

monotonia, o seu caráter absolutamente indefinido. A Natureza possui boas intenções, certamente, mas não pode praticá-las. Quando contemplo uma paisagem, não posso descobrir todos os seus defeitos. Afinal, há uma vantagem em possuir-se a Natureza tão imperfeita, pois sem isto não teríamos arte de todo. A Arte é o nosso nobre protesto e o nosso bravo esforço para acomodar a Natureza!...

Quanto à infinita variedade da Natureza... não a encontramos na Natureza; trata-se de um puro mito brotado na imaginação, a fantasia ou a cultivada cegueira daqueles que a observam.

CYRILLO. — Então, não a olhes! estendido na relva goza-a. Vamos fumar e conversar!

VIVIANO. — A Natureza, porém, oferece tão pouco conforto! A erva é áspera, úmida, cheia de torrões e de espantosos insetos negros... O mais humilde operário de Morris[2] fabrica uma poltrona confortável, como não conseguiria fazê-lo a Natureza inteira. A Natureza perde cor, em suma, perante os móveis da "rua que tirou o seu nome de Oxford", como tão horrivelmente fraseou o poeta que tanto amas. Eu não lamento isso. Com uma Natureza confortável a humanidade não inventaria a arquitetura, e eu prefiro as casas ao ar livre! Têm melhores proporções. Tudo aí está acomodado, subordinado aos nossos usos e prazeres. O próprio Egoísmo, tão indispensável à dignidade humana, resulta exclusivamente da vida interior. Fora das portas, fica-se abstrato, impessoal; a tua individualidade relaxa-se. E depois a Natureza é tão insensível! Eu sinto, quando passeio por este parque, que Ela faz tanto caso de mim como do gado a pastar no declive ou da flor a desabrochar num fosso. É bem claro que a Natureza repele a Inteligência.

---

2. William Morris (1834-1896), poeta e crítico conhecido, sobretudo como renovador da indústria da arte em sua terra. Vários armazéns de móveis servem-se de seu nome para reclame.

Pensar é o que há de mais doentio no mundo, e disso se morre como de qualquer moléstia. Felizmente, na Inglaterra o Pensamento não é contagioso! Devemos à nossa estupidez nacional o fato de sermos um povo fisicamente esplêndido. Somente espero podermos conservar por muito tempo ainda este grande baluarte histórico; entretanto, tornamo-nos muito instruídos: até os incapazes de aprender se metem a ensinar! Tal é o resultado do nosso entusiasmo pela instrução… E, enfim, procederias melhor voltando à tua fastidiosa e inconfortável natureza, e deixando-me rever estas "provas"!

CYRILLO. — Escreveste um artigo! Não é lógico, depois do que acabas de dizer.

VIVIANO. — Quem precisa ser lógico!? Os imbecis e os doutrinários, os importunos que arrastam seus princípios até ao amargo fim da ação, até à *reductio ad absurdum* da prática!… Eu, não!… como Emerson, escrevo "Capricho" ao alto da porta de minha biblioteca. Demais, meu artigo é um aviso salutar. Se lhe prestarem atenção, poderá provocar um novo Renascimento da Arte.

CYRILLO. — Qual é o tema?

VIVIANO. — Espero intitulá-lo: "A Decadência da Mentira: Protesto".

CYRILLO. — A Mentira! Acreditava que os nossos políticos cultivassem esse hábito.

VIVIANO. — Ah, não! Eles nunca vão além dos falsos relatórios, e consentem em provar, discutir, argumentar. Quanto difere o verdadeiro mentiroso, com afirmações leais e corajosas, a sua arrogante irresponsabilidade, o desdém natural e limpo de toda prova! Afinal, que vem a ser uma bela mentira? A que se torna evidente por si mesma. Se falta a um homem bastante imaginação, para que seja necessário à mentira o apoio de testemunhas, faria bem preferindo imediatamente a verdade… Não os políticos!… Talvez, porém, haja qualquer coisa a dizer em favor do Tribunal, cujos membros recolheram realmente a capa dos Sofistas! São deliciosos os seus ardores fingidos e a sua eloquência enganadora. Eles sabem tornar excelente a pior das causas e obter de juízes caprichosos uma absolvição, mesmo quando os respectivos clientes nada têm de culpados. A prosa, entretanto, os enfada e eles não se acanham em apelar para os precedentes. Apesar de seus esforços, a verdade ressalta... Os próprios jornais degeneraram. É permitido, atualmente, fiar-se neles. Sente-se isso, ao percorrer-lhes as colunas. É sempre o ilegível que surge... Sim, receio que pouco se tenha a dizer em favor dos homens de leis ou dos jornalistas.

Aliás, é na Arte que eu celebro a mentira. Queres ouvir o que escrevi? Há de te fazer bem.

CYRILLO. — Lê!... Mas dá-me antes um cigarro. Obrigado!... A que revista destinas esse artigo?

VIVIANO. — À *Revista Retrospectiva*. Creio já te haver dito que os Eleitos a ressuscitaram.

CYRILLO. — Que chamas tu "Eleitos"?

VIVIANO. — Ora! os "Hedonistas Fatigados", naturalmente. Trata-se de um clube ao qual pertenço. Julgam-nos como alimentando uma espécie de culto por Domiciano e por trazermos, durante as reuniões, rosas fanadas nas botoeiras. Eu receio que tu não sejas elegível. Amas demais os prazeres simples.

CYRILLO. — Hão de recusar-me pela minha petulância, suponho!

VIVIANO. — Provavelmente. Além disso, já estás um pouco velho. E não admitimos ninguém de idade usual.

CYRILLO. — Calculo quanto vos deveis enfastiar uns com os outros.

VIVIANO. — Necessariamente. E uma das razões do clube. Agora, se me prometes não me interromper com frequência, passo a ler-te o artigo.

CYRILLO. — Sou todo atenção.

VIVIANO, *com uma voz clara e musical.* — *"A Decadência da Mentira; Protesto.* — Uma das causas principais da banalidade de quase toda literatura atual é certamente a decadência da mentira considerada uma arte, uma ciência e um prazer social. Os antigos historiadores apresentavam-nos deliciosas ficções sob a forma de fatos; o moderno romancista oferece-nos fatos estúpidos à guisa de ficções. O *Livro azul*[3] desenvolve-se dia a dia como o seu ideal de método e processo. Possui o fastidioso *document humain*, esconso *coin de la création*, que rebusca com um microscópio. É encontrado na Livraria Nacional ou no *British Museum*, prestes a preparar imprudentemente o seu assunto. Não tem sequer a coragem das ideias dos outros, vai diretamente à vida, para tudo; entre as enciclopédias e sua experiência pessoal, desenha os tipos segundo a própria família ou segundo a engomadeira semanal, que lhe prestam uma porção de informações úteis das quais não consegue libertar-se, ainda mesmo nos seus instantes mais meditativos. Dificilmente se avaliaria o dano que faz à literatura o errôneo ideal da nossa época! Tem-se uma maneira desprezível de falar do '*mentiroso nato e do poeta nato*'. Em qualquer dos casos, é um detrimento. A mentira e a poesia formam artes — artes que, como Platão entendia, têm a sua conexão e requerem o estudo mais atento, a mais desinteressada devoção. Possuem a própria técnica, como a pintura e a escultura — mais materiais — têm seus sutis segredos de forma e de cores, seus toques de mão e métodos refletidos. Reconhece-se o poeta pela sua bela música e o mentiroso pelos seus ricos e ritmados excessos — aos

---

3. *Livro azul,* espécie de Gotha inglês, contém apontamentos precisos sobre a vida, a idade, os ascendentes etc. dos membros da nobreza, do parlamento etc. Publicam-se também "livros azuis" em certas fases da política internacional, e então eles equivalem aos "*livres jaunes*" dos franceses.

quais não bastaria em caso algum a inspiração temerária do momento; nisto, como em tudo, a perfeição é precedida pela prática. Hoje, porém, enquanto a moda de fazer versos vai se tornando excessivamente comum e deve ser arrefecida, a de mentir quase cai em descrédito. Mais de um jovem começa a vida com um dom exagerativo natural. Se o educam em círculos simpáticos e do mesmo espírito, ou pela imitação dos melhores modelos, pode tornar-se qualquer coisa de grande, de prodigioso. Em geral, porém, o jovem não alcança coisa alguma. Ou cai em negligentes hábitos de exatidão..."

CYRILLO. — Meu velho amigo...

VIVIANO. — Não me interrompas no meio de uma sentença! "... ou cai em negligentes hábitos de exatidão, ou começa a frequentar os velhos e os bem informados. Uma ou outra alternativa é fatal à sua imaginação, como aliás seria à imaginação de quem quer que seja. Em pouco tempo adquire a malsã, a mórbida faculdade de dizer a verdade: começa a verificar todas as afirmações feitas em sua presença, não hesita em contradizer os mais moços, e muitas vezes acaba por escrever romances tão fiéis à vida que perdem toda verossimilhança.

Aí está um exemplo que, longe de ser único, é tomado entre muitos outros. E se nada pode reprimir, ou, ao menos, modificar essa monstruosa idolatria do *fato*, a Arte tornar-se-á estéril e a Beleza desaparecerá da terra.

Esse *vício moderno*, pois não o conheço por outro nome, chega a atingir Mr. R.L. Stevenson,[4] o delicioso mestre da

---

4. Robert Louis Stevenson (1850-1894), célebre escritor imaginativo, que se aproveitou de uma reação contra a literatura de análise, longe de provocá-la. Seu livro mais conhecido intitula-se: *O estranho caso do Dr. Jekyll e de Mr. Hyde*; dele se fará uma alusão mais adiante: um homem virtuoso nele adquire, a princípio por vontade, depois inconscientemente, a personalidade moral e física de um criminoso.

prosa delicada e fantasista. Nada suprime tanto as melhores qualidades de uma história como querer torná-la demasiado verídica, e a *Arca negra*[5] seria menos inartística se possuísse um único anacronismo, enquanto a transformação do Dr. Jekyll parece um caso apanhado n'*A lanceta*.[6] Quanto a Mr. Rider Haggard,[7] que realmente possui ou já possuiu qualidades criadoras de um magnífico inventor, hoje receia tanto que lhe desconheçam o gênio que, quando nos conta qualquer coisa maravilhosa, sente-se forçado a inventar alguma reminiscência pessoal e colocá-la embaixo da página, como uma espécie de frouxa confirmação. Os nossos outros romancistas não vão além destes. Mr. Henry James[8] recorre à ficção como a um dever penível e dispersa em assuntos medíocres e imperceptíveis 'pontos de vista' todo o seu estilo claro e literário, as suas frases felizes, a sua sátira leve e cáustica. Mr. Hall Caine[9] visa, é verdade, o grandioso, mas escreve gritando tanto, com tanto ruído, que não se percebem as suas palavras. Mr. James Payn[10] ultrapassa na arte de ocultar o que não vale a pena descobrir. Desaloja evidências com o entusiasmo de um policial míope.

---

5. Outro livro de R.L. Stevenson.
6. *A lanceta* (*The Lancet*, importante revista científica criada em 1823 e publicada até os dias atuais.), periódico de medicina.
7. Rider Haggard, nascido em 1856 (†1925); romancista de imaginação a mais extravagante; acomoda frequentemente as suas ficções nas mais longínquas regiões. *She* e *Jess* são seus dois melhores livros.
8. Henry James, nascido em Nova York em 1843 (†1916), viveu principalmente em Londres. Chefe da escola analista. Os franceses apelidaram-no o Bourget de Além-Mancha.
9. Hall Caine (1853-1931), romancista e dramaturgo popular.
10. James Payn (1830-1898), prosador célebre pela sua minuciosa complicação.

Por ocasião da leitura, as 'interdições' do autor tornam-se insuportáveis. Os cavalos do *phaëton* de Mr. William Black[11] não se elevam ao Sol. Espantam o céu, à tarde, com violentos efeitos de cromos; vendo-os aproximar, os provincianos se refugiam na algaravia. Mrs. Oliphant[12] arenga jocosamente sobre os párocos, o '*lawn tennis*', os serões, os criados e outras coisas aborrecidas. Mr. Marion Crawford[13] imolou-se no altar da cor local. É como a senhora que, na peça francesa, sempre fala do 'belo céu da Itália'. Demais, entrega-se ao mau hábito de proferir moralidades rasteiras. Continuamente, diz-nos que ser bom é ser bom e que ser mau é ser mau. Torna-se quase edificante.

Robert Elsmere[14] é, naturalmente, uma obra-prima, uma obra-prima do gênero enfadonho, o único gênero literário que os ingleses saboreiam deveras. Um jovem e inteligente amigo dizia-me que tal livro lhe lembrava a conversa que se poderia entreter num chá, na intimidade de uma séria família não conformista. Somente na Inglaterra poderia aparecer uma obra assim. A Inglaterra é o refúgio das ideias perdidas. Quanto à grande e crescente escola de romancistas, para os quais o Sol sempre nasce em East-End,[15] tudo o que se pode dizer é que eles acham a vida crua e a abandonam ainda por assar...

---

11. William Black, nascido em 1841 (†1898); pintor, depois jornalista e romancista.
12. Mrs. Oliphant (1828-1897), literata do gênero das que em França escrevem para mocinhas. Autora da *Vida da rainha Victória*, notadamente.
13. Marion Crawford (1854-1909). Americano. Habitou por muito tempo a Itália e a descreveu. Suas obras mais conhecidas são *Mr. Isaac* e uma *Francesca di Rimini*, levada à cena, há alguns anos, por Sarah Bernhardt (1844-1923).
14. *Robert Elsmere*, célebre romance de Mrs. Humphrey Ward (1851-1920).
15. East-End é a parte miserável de Londres. A alusão visa a escola realista, ou, talvez, esses desenvolvedores de tese que tentam enternecer o leitor com os sofrimentos do povo. Mr. Wilde tinha-lhes horror.

Em França, embora nada aparecesse até agora tão frisantemente fastidioso como *Robert Elsmere*, nem por isso as coisas vão melhor. M. de Maupassant, com a sua ironia mordente e o seu estilo ríspido e vivo, despoja a existência de alguns pobres trapos que a cobrem ainda. Mostra-nos chagas hediondas, dolorosas, supurantes. Escreve pequenas tragédias sombrias, nas quais todo mundo é ridículo, e amargas comédias perante as quais não se pode rir, tais são as lágrimas que provocam.

M. Zola, fiel ao altivo princípio que emitiu em um de seus julgamentos literários: 'O homem de gênio nunca tem espírito', mostra que, se não possui o gênio, ao menos pode ser estúpido. Aliás, não lhe falta poder. Às vezes, as obras — *Germinal*, por exemplo — contêm qualquer coisa de épico. A obra, todavia, é má de princípio a fim, não quanto ao ponto de vista moral, mas quanto ao ponto de vista artístico. Do ponto de vista moral é perfeita. O autor é absolutamente verdadeiro e descreve as coisas como se apresentam. Que podem mais desejar os moralistas? Não aplaudimos a cólera do nosso tempo contra M. Zola. É puramente a indignação de Tartufo cravado ao pelourinho. Que dizer, entretanto, do ponto de vista artístico, em favor do autor de *Assommoir*, *Nana* e *Pot-Bouille*? Nada. Mr. Ruskin[16] afirmava-nos um dia que os personagens de George Eliot[17] são 'o cisco

16. John Ruskin, nascido em 1819 (†1900). O mais célebre dos críticos de arte ingleses do século XIX e aquele que mais longe estendeu a sua influência intelectual. Mr. Wilde e outros numerosos escritores lhe devem muito. Ele sustentou Turner e o movimento pré-rafaelita. Seus últimos escritos, de um socialismo um pouco difuso, surpreenderam alguns dos seus admiradores. Ele teve com o pintor Whistler uma longa polêmica, narrada por este, muito espirituosamente, num livro de memórias célebre em Londres: *The Gentle Art of Making Enemies.*

17. George Eliot, escritora (1819-1880). Dentre seus numerosos romances, nem sempre desprovidos de arte e exatidão, os melhores são *Adam Bede* e *Silas Marner.*

de um ônibus de Pentonville'.[18] Os personagens de M. Zola são, porém, piores. A história de suas vidas não apresenta nenhum interesse. Quem se importará com as suas virtudes mais carregadas que seus vícios e com o que lhes possa acontecer? Em literatura, nós apreciamos a distinção, o encanto, a beleza e a força imaginativa. A relação de fatos mesquinhos perturba-nos e desgosta-nos!

M. Daudet é superior. Possui o espírito, uma tecla delicada e um estilo divertido. Contudo, acaba de praticar um suicídio literário. Ninguém poderá mais interessar-se por Delobelle e o seu *Il faut lutter pour l'art*, por Valmajour e o seu eterno estribilho sobre o rouxinol, pelo poeta de *Jack* e seus *mots cruels* agora que sabe, depois dos *Vinte anos de minha vida literária*, que o autor apanhou esses caracteres diretamente na vida! Os únicos personagens reais são os que jamais existiram; e se um romancista é suficientemente medíocre para buscar os heróis diretamente na existência, deveria ao menos dizer que são criações e não proclamá-los como cópias. A justificação de um personagem de romance não está em que outras pessoas sejam o que são, mas em que o autor seja o que ele é; contrariamente, o romance deixa de ser uma obra de arte.

Quanto a M. Paul Bourget, o mestre do 'romance psicológico', este erra imaginando que homens e mulheres da vida moderna podem ser infinitamente analisados em inúmeras séries de capítulos. Depois, o que desperta interesse entre a gente de boa sociedade — M. Bourget raramente deixa o bairro Saint-Germain, salvo quando vem a Londres — é a máscara de todos, e não a realidade oculta por essa máscara. A confissão é humilhante, mas nós somos todos do mesmo estofo! Em Falstaff há qualquer coisa de Hamleto, e em Hamleto um

18. Um dos bairros mais sujos de Londres.

pouco de Falstaff. O rotundo borracho é, às vezes, melancólico, e o jovem príncipe tem seus instantes de grave alegria. A nossa diferença de uns para outros está somente em detalhes acessórios: as vestes, as maneiras, o som da voz, a religião, o exterior, os tiques costumeiros, e o resto. Quanto mais se analisam os indivíduos, mais desaparecem as razões para tais análises. Cedo ou tarde, chega-se a esta terrível e universal grande coisa: a natureza humana! Os que já trabalharam junto aos pobres sabem-no muito bem, a fraternidade humana não é um simples sonho de poeta, mas uma humilhante, uma desalentadora realidade; o escritor que estudou com persistência as classes elevadas também pode escrever sobre as vendedoras de fósforos e as mercadoras de maçãs."

Entretanto, meu caro Cyrillo, eu não quero reter-te muito tempo com este assunto. Admito perfeitamente que em muitos pontos são excelentes os romances modernos. Insisto, porém, em afirmar que, em geral, são ilegíveis.

CYRILLO. — Eis aí certamente uma gravíssima restrição!... Várias das tuas críticas são injustas. Gosto de *The Deemster*[19] e de *The Daughter of Heth*,[20] assim como de *Le Disciple* e *Mr. Isaac*;[21] quanto a *Robert Elsmere*,[22] admiro-o ferventemente. Não que considere tal romance uma obra séria. Como expositor dos problemas que dividem os cristãos ferventes, é ridículo e até cediço. É simplesmente a *Literatura e o dogma* de Arnold[23] com a literatura de menos. As *Evidências* de Paley[24] e o método de

19. Romance de Hall Caine (1853-1931).
20. Romance de William Black (1841-1898).
21. Romances de Marion Crawford (1854-1909).
22. Romance de Mrs. Humphrey Ward (1851-1920).
23. Matthew Arnold, poeta e crítico britânico (1822-1888). (N.T.)
24. William Paley (1743-1805), arcebispo de Carlisle; autor dos *Elementos da filosofia* e do *Expositor das evidências do cristianismo*.

exegese bíblica de Colenso[25] não chegam a ser mais rococós. Impressiona bastante esse herói que anuncia gravemente uma aurora despontada há muito tempo, mas que confessa o seu propósito de continuar mudando de nome...[26] Não obstante, o livro contém bem boas caricaturas, muitas citações deliciosas, e a filosofia de Green adoça agradavelmente a seca pílula da moral de fábula. O que me surpreende é nada teres dito de dois romancistas que lês continuamente — Balzac e George Meredith.[27] São ambos, certamente, realistas!

VIVIANO. — Ah! Meredith? Quem poderá defini-lo? Seu estilo é um caos iluminado de súbitos relâmpagos. Como escritor, é um mestre em tudo, salvo em linguagem; como romancista, tudo consegue, salvo contar uma história; como artista, tem todos os dons, salvo o da harmonia. Alguém em Shakespeare — creio que Touchstone[28] — fala de um homem que constantemente se esforça por produzir espírito,[29] e parece-me que isto poderia servir de base a uma crítica do método de Meredith. Em todo caso, porém, não é realista. Ou antes, parece-me um filho do realismo em desavença com o pai. Após rigorosas reflexões, converteu-se ao romantismo. Nega prostrar-se diante de Baal, e quando seu espírito sutil não repelisse todo o estrépito do realismo, o estilo bastaria para conservar a Vida a uma distância respeitosa. Foi assim que circundou o próprio jardim de uma sebe eriçada de espinhos, ponteada de rubras rosas maravilhosas.

Quanto a Balzac, foi uma notável combinação de temperamento artístico e espírito científico — e só legou o último aos discípulos. O *Assommoir* de Zola e as *Illusions perdues* de Balzac

---

25. Bispo (1814-1883); autor de um "pentateuco" condenado por um concílio.
26. Alusão a um dos mais célebres capítulos de *Robert Elsmere*.
27. George Meredith, ilustre poeta e novelista inglês, nascido em 1828 (†1909).
28. Personagem de *As You Like It*.
29. Literalmente: "que parte constantemente as tíbias no espírito".

diferem como o realismo *imaginativo* da realidade *imaginada*. "Todos os personagens de Balzac, segundo Baudelaire, possuem a mesma vida ardente que a ele próprio animava. Todas as suas ficções são tão intensamente coloridas como sonhos. Cada inteligência é uma arma carregada de vontade até as goelas. Até os marmitões são geniais."

Uma leitura assídua de Balzac transforma os nossos amigos vivos em sombras e os nossos conhecidos em sombras de sombras. Seus caracteres conservam uma vida inflamada. Dominam-nos e desafiam o nosso ceticismo. Uma das minhas maiores mágoas na vida é a morte de Luciano de Rubempré; e jamais pude desembaraçar-me inteiramente das tristezas que me causou. Atormenta-me nos momentos de prazer. Lembro-me dessa morte quando rio... Balzac, porém, não é um realista como Holbein. Ele criava a vida e não a copiava. Admito, entretanto, que fizesse grande caso do modernismo da forma e que por isso nenhum livro seu possa passar como obra-prima comparado à *Salambô* ou *Esmond*[30] ou *The Cloister and the Hearth*[31] ou ainda ao *Vicomte de Bragelonne*.[32]

CYRILLO. — Não aprecias então o modernismo da forma?

VIVIANO. — Não. É pagar um preço monstruoso por um mesquinho resultado. O puro modernismo da forma tem sempre qualquer coisa de vulgar. O público, como se interessa pelas coisas que o envolvem, julga que a Arte pode tomá-las

30. *A história de Henry Esmond*, por Thackeray.

31. Por Reade.

32. Esse estranho conjunto não deixa duvidar do gosto literário do autor. Pode-se tomá-lo como uma dessas burlas a frio, de que usava Mr. Wilde. Um dia, perguntaram-lhe qual seria sua próxima obra. Ele respondeu com ênfase: "A história de alguns gênios: a história de Alexandre, o Grande, de Homero, de Júlio César, de Shakespeare, de Napoleão e da *rainha Victória*."

para assuntos. Mas só o fato de o público interessar-se por elas já as torna incompatíveis com a Arte. Alguém já disse que só é belo aquilo que não nos concerne. Tudo quanto nos é útil ou necessário, tudo quanto nos afeta de qualquer maneira, tristeza ou alegria, tudo o que vem de encontro às nossas simpatias ou se prende aos nossos círculos, está fora do domínio da Arte.

Nós devemos ser indiferentes ao assunto e despidos de quaisquer preferências, prevenções e parcialidade. Como Hécuba nada tem conosco, é por isso justamente que suas dores constituem um tão admirável motivo de tragédia... Em toda a história da literatura, nada conheço de mais triste que a carreira artística de Charles Reade. Escreveu um livro admirável — *The Cloister and the Hearth*, um livro tão superior a *Romola*[33] quanto este excede a *Daniel Deronda*,[34] e depois dispersou todo o resto da vida a modernizar-se estupidamente, procurando atrair a atenção pública para o estado de nossas prisões e a administração dos nossos asilos de loucos!... Charles Dickens[35] também se revelou desanimador, quando tentou despertar simpatias em favor das vítimas da administração da Assistência Pública. Contudo, um artista como Reade, um erudito, um possuidor do verdadeiro sentimento da Beleza, atirar-se e rugir contra os abusos da vida moderna, como um panfletário vulgar ou um jornalista sensacional!... que espetáculo de fazer chorar os anjos!... Creia-me, caro Cyrillo, que o modernismo de forma e fundo é um grande erro. Consiste em tomar a baixa libré de nossa época pela túnica das Musas e viver, não já no pendor da montanha, com Apoio, mas nas ruas sórdidas e nos hediondos bairros de

---

33. Por George Eliot (1819-1880).
34. *Idem.*
35. Dickens (1812-1870), um dos escritores ingleses mais apreciados na Europa, sobretudo em França. Autor de *David Copperfield*, *Oliver Twist*, *American Notes*, *A Christmas Carol.*

nossas desprezíveis cidades. Raça degenerada, já chegamos a vender o direito de primogenitura por um prato de fatos...

CYRILLO. — Há qualquer coisa de justo no que dizes. Certamente, seja qual for o prazer que tenhamos lendo um romance moderno, raramente, ao relê-lo, saboreamos um prazer artístico; e talvez aí esteja o melhor meio mecânico de reconhecer o que é ou não literatura. Se não se acha graça em reler várias vezes um livro, decerto é inútil lê-lo. Que pensas, entretanto, dessa célebre panaceia, o retrocesso à Vida e à Natureza?

VIVIANO. — A passagem que trata dessa questão está mais longe, mas vou lê-la imediatamente: "'Voltemos à Vida e à Natureza, que nos criarão uma nova Arte, de rubro sangue, mãos fortes e pés ligeiros!' Eis o clamor constante de nossa época. Ah! como andamos embaídos nos nossos louváveis e bem intencionados esforços! A Natureza sempre se atrasa em apanhar a época. Quanto à Vida, essa é o dissolvente destruidor da Arte, o inimigo que devasta a morada."

CYRILLO. — A Natureza sempre se retarda à época... Que queres dizer?

VIVIANO. — Talvez seja um pouco misterioso. Eis o que quero dizer: "Se a Natureza significa o instinto, simples, natural, oposto à cultura e à consciência, a obra produzida sob a sua influência será sempre velhusca, desusada, bolorenta. De outro lado, se considerarmos a Natureza como o conjunto dos fenômenos extrínsecos perante o homem, nela só se descobrirá o que lhe deram. Ela própria não tem inspiração alguma. Wordsworth[36]

---

36. Wordsworth (1770-1850), grande mestre da escola poética denominada "do lago" (*Lake school*) — a princípio, em sentido desdenhoso — porque seus membros mais importantes, Coleridge, Wordsworth e Southey viviam junto a lagos da Inglaterra. Em estilo excessivamente simples, desenvolviam a matéria mais vulgar; a sua busca de simplicidade era tal que chegava ao aparato.

andou pelos lagos, mas nunca foi um poeta do lago. Nunca descobriu nas pedras senão os sermões que antes ali havia ocultado. Passeou, como moralista, pelo distrito, mas produziu a melhor parte de sua obra quando regressou à Poesia e abandonou a Natureza. A Poesia habilitou-o para a produção de 'Laodamia', de seus lindos sonetos e da Grande Ode. A Natureza sugeriu-lhe 'Martha Ray' e 'Peter Bell',[37] além de dar-lhe jeito para puxar a enxada de Mr. Wilkinson!"

CYRILLO. — Essa questão merece exame. Inclino-me a crer nos "rebentos de um tronco primaveril", embora, bem entendido, o valor artístico de tais rebentos dependa do temperamento em que se operem; assim, o retorno à Natureza não significaria senão a marcha para uma grande personalidade. Creio que aprovarás isto. Continua.

VIVIANO, *lendo.* — "A Arte começa com a decoração abstrata, com um trabalho puramente imaginativo e agradável, não se aplicando senão ao irreal, ao não existente. É o primeiro grau. Em seguida a Vida, que fascina essa nova maravilha, solicita admissão no círculo encantado. A Arte apanha a Vida entre os materiais brutos, fá-la de novo, refunde-a sob novas formas e, absolutamente indiferente ao próprio fato, inventa, imagina, sonha, e conserva entre ela e a realidade uma barreira intransponível de belo estilo, de método decorativo ou ideal. A terceira fase começa quando a Vida ganha a frente e faz a Arte recolher-se ao deserto. É então essa verdadeira decadência que hoje experimentamos.

Vejamos o drama inglês. A princípio, nas mãos dos monges, a Arte dramática foi abstrata, decorativa, mitológica. Depois tomou a Vida a seu serviço e, empregando algumas de suas formas exteriores, criou uma raça de seres absolutamente novos,

---

37. Estes dois poemas, principalmente, são característicos do gênero "lakista".

cheia de dores mais horríveis do que nenhuma dor humana e alegrias mais impetuosas que as de um amante! Seres cheios da raiva dos Titãs e da calma dos Deuses, de monstruosos e maravilhosos pecados, de virtudes monstruosas e maravilhosas! Deu-lhes uma nova linguagem, sonora, musical, ritmada, solenizada por uma cadência majestosa ou afinada por um ritmo de fantasia, ornada pela incrustação de palavras lapidares e enriquecida por uma nobre dicção. Vestiu seus filhos de roupagens magníficas, aplicou-lhes máscaras — e, a um seu sinal, o mundo antigo ergueu-se do túmulo de mármore. Um novo César avançou altivo pelas ruas de Roma ressurgida e, envolta em véus de púrpura, com os remos mergulhados ao som da flauta, uma outra Cleópatra subiu o rio, em direção a Antioquia. Os velhos mitos e as legendas tomaram forma. A História foi totalmente refundida, e todos os dramaturgos reconheceram que o fim da Arte já não é a simples verdade, mas sim a beleza complexa. Tinham bastante razão. A Arte constitui uma forma do exagero; e a seleção, isto é, a sua própria alma, não passa de uma espécie de ênfase.

Cedo, porém, a Vida destruiu a perfeição da forma. No próprio Shakespeare podemos ver o começo do fim. Revelou-se pela deslocação gradual do verso branco nas últimas obras, pela predominância da prosa e a excessiva importância ligada à caracterização. Todas as numerosas passagens de Shakespeare em que a linguagem é irregular, vulgar, exagerada, fantástica, mesmo obscena, foram inspiradas pela Vida — a Vida à procura de um eco da própria voz e rejeitando a intervenção do belo estilo no qual somente pode achar expressão. Shakespeare está longe de ser um artista impecável: gosta muito de inspirar-se diretamente na Vida e de usar a sua linguagem natural. Esquece-se de que a Arte tudo abandona, quando ele próprio abandona a intermediária da Imaginação. Goethe diz alhures:

In der Beschränkung zeigt sich erst der Meister.

'O mestre revela-se trabalhando no seu círculo limitado.' Não nos retardemos mais sobre o realismo de Shakespeare. *A Tempestade* é a mais perfeita das palinódias.[38] Tudo quanto eu desejava mostrar é que a obra magnífica dos artistas do tempo de Isabel e toda a obra dos Jacobitas continha o fermento de sua dissolução; e que, se essa obra ganhou certa força, servindo-se da Vida entre outros materiais, encontrou nesta toda a sua fraqueza desde que a tomou para método artístico.

Como resultado inevitável da troca da criação pela imitação, e desse abandono da forma imaginativa, temos o melodrama inglês moderno. Os personagens de tais peças falam em cena como falariam por aí, sem aspirações na alma nem antes das letras, como é necessário; são copiados da vida e lhe reproduzem a vulgaridade até os menores detalhes, sem perder a atitude, as maneiras, a moda, o acento de figuras legítimas; e passariam sem ser notados em qualquer compartimento de terceira classe... Como são, entretanto, extenuantes essas peças que não conseguem sequer produzir a impressão de verdade, que é a sua única razão de ser!

Como método, o realismo é uma consumada falência.

O que é verdadeiro quanto ao drama e ao romance não o é menos quanto ao que chamamos artes decorativas. Na Europa, a história dessas artes é a da luta entre o orientalismo, com um franco desprezo de qualquer cópia, o gosto pela convenção artística, antipatia pela reprodução das coisas naturais e o nosso espírito imitativo.

Em toda parte onde o primeiro triunfou, como em Bizâncio, na Sicília, na Espanha, pelo contato, ou no resto da Europa, pela influência das cruzadas, temos tido belas obras imaginadas onde as coisas visíveis da Vida se convertiam em artísticas convenções,

---

38. Mr. Wilde quer dizer que Shakespeare aí retrata o seu realismo.

e as coisas não possuídas pela Vida eram inventadas e buriladas para seu encanto. Mas, em toda parte onde nos tenhamos voltado para a Natureza e a Vida, a nossa produção mostra-se sempre vulgar, comum, sem interesse. A tapeçaria moderna, com efeitos aéreos, a perspectiva cuidada, as larguezas de céu inútil, um realismo fiel e trabalhoso, está longe da menor beleza. As vidrarias coloridas da Alemanha são absolutamente detestáveis. Na Inglaterra, começamos a tecer tapetes aceitáveis, por havermos voltado ao espírito e ao método do Oriente. Nossos tapetes e cortinas de vinte anos atrás, lamentáveis pelas suas solenes verdades e vão respeito à Natureza, cheios da miserável reprodução de objetos visíveis, reduziram-se, mesmo para os Filisteus, a farrapos de riso. Um maometano cultivado fez-me um dia a seguinte observação: 'Vós outros, cristãos, andais tão ocupados com a má interpretação do quarto mandamento, que nunca vos lembrastes de fazer uma aplicação artística do segundo!' Tinha bastante razão, e a concludente verdade sobre este assunto é: a única escola para estudar a Arte nunca foi a Vida, mas a própria Arte!"

Eis agora outra passagem que regula a fundo a questão.

"Nem sempre assim foi. Nada tenho a dizer dos poetas porque, infelizmente, excetuando Mr. Wordsworth, eles foram fiéis à sua alta missão e são universalmente conhecidos como homens com os quais se pode contar. Entretanto, nas obras de Heródoto que, apesar do esforço dos modernos falsos sábios, superficiais e pouco generosos para provar a verdade da sua história, bem merece o título de 'Pai das mentiras'; nos discursos de Cícero e nas biografias de Suetônio; na *História natural* de Plínio e no *Périplo* de Hannon; nas 'crônicas das primeiras idades', vidas de santos e 'viagens' de Marco Polo, em Olaus Magnus, Aldrovandus e Conrado Lycosthenes, com sua magnífica *Prodigiorum et ostentorum chronicon*; na autobiografia de Benvenuto Cellini e *Memórias* de Casanova; na *History of the*

Plague, de Defoe, e na *Vida de Johnson*, de Boswell;[39] nos despachos de Napoleão, e nas obras do nosso Carlyle, do qual a *História da Revolução Francesa* é um dos mais fascinantes romances históricos; entretanto, repito, em todas essas obras, ou os fatos são naturalmente dispostos na sua ordem de subordinação ou inteiramente abandonados ao terreno da tolice.

Agora, porém, que diferença! Não somente os fatos tornaram-se a base da História, mas usurpam o domínio da Fantasia e o reinado da Ficção. Prendem-se glacialmente a tudo e estão quase tornando a Humanidade vulgar. O comercialismo brutal da América, o seu espírito material, a sua indiferença pelo lado poético das coisas, a sua falta de imaginação e de altos ideais inatingíveis provêm da circunstância de haver essa terra adotado como herói um homem que, segundo ele próprio confessou, era incapaz de uma mentira; não será muito dizer que a história de George Washington e do cerejeiro foi mais prontamente maléfica do que qualquer outro conto moral..."

CYRILLO. — Meu caro...

VIVIANO. — É o que te asseguro! O cômico da coisa é que a história do cerejeiro é um mito!... Não penses, entretanto, que desespero ante o futuro artístico da América ou do nosso país. Escuta mais isto:

"Haverá — não duvidemos — uma transformação antes do fim do século. Farta da tagarelice moral exaustiva, dos que não possuem sequer o espírito de exagerar, nem o gênio da ficção; enfastiada desses inteligentes personagens, cuja memória aproveita as reminiscências e cujas frases, limitadas pela verossimilhança, podem ser confirmadas por qualquer filisteu

39. Boswell (1740-1795), estreito espírito, mas que, como secretário do famoso doutor Johnson, conseguiu, reunindo minuciosas notas apanhadas cada dia, escrever uma esplêndida biografia do grande crítico, a melhor talvez dentre todas as conhecidas.

presente, a Sociedade, cedo ou tarde, voltará ao seu *leader* perdido: o fascinante e refinado Mentiroso! Qual foi o primeiro que, sem jamais ter ido às terríveis caçadas, contou aos homens das cavernas, deslumbrados, sob as sombras do crepúsculo, como arrancou o megatério à purpúrea escuridade de sua gruta de jaspe ou como, em combate singular, derrubou o mamute, trazendo consigo as suas brilhantes defesas? Quem foi esse? Nós o ignoramos e nenhum dos nossos atuais antropologistas, apesar das suas fanfarronadas científicas, teria a simples coragem de nos dizer. Fossem quais fossem o seu nome e sua raça, esse teria sido o verdadeiro fundador das relações sociais.

Porquanto, o fim do mentiroso é simplesmente encantar, fascinar, proporcionar o agrado. Ele é o verdadeiro fundamento da sociedade; e um jantar sem a sua figura, mesmo na morada dos grandes, seria tão insignificante como uma conferência na *Royal Society*,[40] ou um debate nos *Incorporated Authors*,[41] ou uma das burlescas comédias de Mr. Burnand.[42]

"E a sociedade não será a única a acolhê-lo bem. A arte, evadida da prisão do Realismo, correrá ao seu encontro, beijar-lhe-á os belos lábios mentirosos, bem sabendo que só ele possui o segredo de suas manifestações — o segredo que faz da Verdade, absoluta e inteiramente, uma questão de estilo! E a Vida, cansada de se reproduzir em benefício de Mr. Herbert Spencer,[43] dos historiadores científicos e dos compiladores de estatísticas, a Vida há de acompanhá-lo humildemente e procurará reproduzir, à sua maneira simples e inábil, algumas das maravilhas por ele narradas.

---

40. Academia inglesa.
41. Sociedade de homens de letras, em Londres.
42. Diretor da *Punch* (revista satírica britânica) e autor dramático (1836-1917).
43. Grande filósofo (1820-1903). Os seus *Primeiros princípios de psicologia* são uma obra imorredoura.

Certamente, haverá sempre críticos que, a exemplo de certos escritores da *Saturday Review*, censurarão gravemente um autor de contos de fadas pelo seu insuficiente conhecimento de história natural, julgarão uma obra de imaginação pela sua própria falta de faculdade imaginativa e levantarão horrorizados as mãos lambuzadas de tinta, se um *gentleman* escrever, como sir John Mandeville,[44] um fascinante livro de viagens, sem nunca ter ido além das árvores de seu jardim, ou, como o grande Raleigh,[45] uma completa *História do mundo*, sem nada conhecer do passado. Para se excusarem, procurarão abrigar-se atrás do broquel desse que criou Próspero, o mágico, e lhe deu Caliban e Ariel como servidores, que ouviu os Tritões trombetearem em volta dos recifes de coral da ilha encantada e as fadas se decantarem pelos bosques vizinhos de Atenas; desse enfim que conduziu os reis fantasmas, em procissão indecisa, através das brumosas charnecas da Escócia, e ocultou Hécate em uma caverna com as irmãs fantásticas. Invocarão Shakespeare — como sempre! — e citarão esse texto cediço sobre a Arte que oferece um espelho à Natureza; mas, hão de esquecer-se de que Hamleto pronunciou intencionalmente o infeliz aforismo para convencer os espectadores da sua perfeita falta de bom senso em matéria de arte."

CYRILLO. — Hum!... faze-me o favor de um outro cigarro...

VIVIANO. — Meu velho, dize o que entenderes, mas é simplesmente um exagero cênico, que não representa a opinião

---

44. Sir John Mandeville (1300-1372), médico célebre pela narrativa, em latim, das viagens que talvez realizasse. Descreve, porém, candidamente, segundo mistificadores indígenas, homens cujos rins se desenvolviam em caudas de cavalo, e um casuar de Madagascar, que carregava elefantes...
45. Sir Walter Raleigh (*c. 1552), cortesão dos tempos da rainha Isabel. Foi decapitado em Westminster, em 1618. Enquanto esteve na prisão, escreveu a sua *História do mundo*.

real de Shakespeare sobre a arte, assim como as tiradas de Iago não traduzem as suas convicções morais... Deixa-me, porém, terminar o pedaço!

"A Arte encontra em si mesma a perfeição. Não se deve julgá-la por um modelo exterior. Ela é mais um véu que um espelho. Possui flores e pássaros desconhecidos em qualquer floresta. Inventa e destrói mundos, e, com um fio escarlate, pode tirar a Lua dos céus. Pertencem-lhe "as formas mais reais que um homem vivo", assim como os maiores arquétipos, de que as coisas vivas são apenas umas cópias esboçadas. Para ela a Natureza não tem leis, nem uniformidade. Faz milagres à sua vontade e, ao seu apelo, surgem os monstros das profundas. Manda a amendoeira florir no inverno e faz tombar a neve sobre um campo de trigo maduro. À sua voz, a geada imprime o dedo prateado na boca escaldante de junho e os leões alados das montanhas lídias arrastam-se fora das cavernas. Quando ela passa, as dríades saem da espessura do arvoredo e os faunos mostram-lhe um sorriso estranho. Adoram-na os deuses de cabeça de falcão e galopam os centauros atrás dela."

CYRILLO. — Gosto disso. Posso vê-la. Acabaste?

VIVIANO. — Não. Há uma outra passagem, mas puramente prática. Indica os meios de fazer reviver a arte perdida da Mentira.

CYRILLO. — Bem. Uma pergunta, antes que me leias isso. Disseste que a vida "pobre, verossímil, sem interesse" procurará reproduzir as maravilhas da Arte? Compreendo perfeitamente que te oponhas a que a Arte seja considerada um espelho, o que transformaria o gênio num simples caco de vidro. Mas tu não admites decerto que a Vida seja imitadora da Arte, que a Vida seja o espelho da Arte!

VIVIANO. — Perdão, admito, sim! Embora pareça um paradoxo — e os paradoxos são sempre perigosos —, não deixa de ser verdade que a Vida imita a Arte. Ultimamente, todos vimos na Inglaterra que um original e deslumbrante tipo de beleza, inventado e gabado por dois pintores imaginativos, tanto influiu sobre a Vida, que todos os salões artísticos e exposições particulares nos mostraram: aqui, os olhos místicos do sonho de Rossetti,[46] o longo colo de marfim, a estranha mandíbula quadrangular, a sombria cabeleira desfeita, que ele tanto apreciava; ali, toda a doce pureza da *Escadaria de ouro*, a boca em ramilhete, o fatigado encanto do *Laus amoris*, a palidez de paixão da face de Andrômeda, as descarnadas mãos e a dócil beleza de Viviano no *Sonho de merlino*.[47]

E assim foi sempre. Um grande artista imagina um tipo que a Vida, como um afoito editor, procura copiar e reduzir ao formato popular. Nem Holbein nem Van Dick encontraram na Inglaterra o que nos legaram. Eles produziram seus tipos e a Vida, com sua enorme faculdade de imitar, pôs-se a fornecer ao senhor dos modelos. Os gregos, com seu vivo instinto artístico, bem o tinham compreendido; colocavam no quarto da esposa a estátua de Hermes ou de Apolo, a fim de que seus filhos nascessem tão belos como as obras de arte que ela contemplava, feliz ou nas aflições. Eles sabiam que não somente a Vida adquire, graças à Arte, a espiritualidade, a profundeza do pensamento, do sentimento, a perturbação ou a paz de espírito, mas que ainda pode amoldar-se pelas linhas e cores da Arte e reproduzir a majestade de Fídias, como a graça de Praxíteles. Daí a sua aversão pelo realismo. Os gregos entendiam, e com

---

46. Dante Gabriel Rosseti (1828-1882), poeta e pintor inglês. Pintava mais como poeta, afinal; as linhas e cores serviam-lhe de frases e ritmos para inscrever seus sonhos na tela. Fundou o pré-rafaelismo com Hunt e Millais e influiu bastante sobre Swinburne, se não foi propriamente o seu criador.
47. Esse quadro, um dos mais célebres de Burne-Jones (1833-1898), foi exposto em Paris em 1877.

razão, que o realismo torna os homens absolutamente feios. Nós tentamos aperfeiçoar a Raça com bons ares, farta luz, águas sãs e com essas disformes construções simples que abrigam melhor o povo pobre. Tudo isso produz a saúde, mas nunca a beleza. Só a Arte nos proporciona a beleza, e os verdadeiros discípulos de um grande artista não são os seus imitadores de *atelier*, mas os que se fazem iguais às suas obras — obras plásticas nos tempos gregos e de pintura nos tempos modernos.

Em uma palavra, a Vida é o melhor, ou antes, o único discípulo da Arte.

O mesmo se observa na literatura... Fornecem-nos o exemplo mais claro e mais vulgar esses garotinhos patetas que, por haverem lido as aventuras de Jack Sheppard ou Dick Turpin,[48] assaltam as barracas de pobres vendedores de batatas, cabriolam junto aos balcões de confeitos e, à noite, pelas ruas dos bairros, assustam os velhos que se recolhem, precipitando-se mascarados à sua frente e mostrando-lhes armas de brincadeira. Esse interessante fenômeno, geralmente observado após a tiragem da edição de um dos livros em questão, é comumente atribuído à influência da literatura de imaginação. É um erro. A imaginação é essencialmente criadora e sempre procura uma nova forma. O menino salteador é, simplesmente, o inevitável resultado do instinto imitativo da Vida. É um fato, preocupado, como todo fato, em tentar reproduzir uma ficção, e o que nele vemos se reproduz em escala em toda a Vida...

Schopenhauer analisou o pessimismo, mas Hamleto já o havia inventado. O universo tornou-se triste porque, outrora, um boneco andou melancólico! O Niilista, esse estranho mártir sem fé que sobe friamente ao cadafalso e morre por qualquer coisa em que não crê, é um puro produto literário. Foi

---

48. Célebres ladrões de estrada.

imaginado por Turgueniev e aperfeiçoado por Dostoiévski. Robespierre surgiu das páginas de Rousseau, tão certamente como o Palácio do Povo se construiu sobre as ruínas de um romance. A literatura sempre precede a Vida. Não a arremeda, mas amolda-se a seu exemplo. O século XIX, tal como o conhecemos, é puramente uma invenção de Balzac. Os nossos Luciano de Rubempré, os nossos Rastignac e De Marsay estrearam na cena da *Comédia humana*. Nós exclusivamente pomos em prática — com algumas notas à beira da página e adições inúteis — o capricho, a fantasia, ou a visão criadora de um grande romancista.

Perguntei a uma dama, que intimamente conhecera Thackeray, se este se aproveitara de algum modelo para Becky Sharp. Respondeu-me que Becky era um artifício, mas que, entretanto, a ideia do caráter, em parte, lhe fora fornecida por uma governanta das vizinhanças de Kensington Square, companheira de uma velha dama ricaça e egoísta. Perguntei que fim levara a governanta e responderam-me que, poucos anos após o aparecimento de *Vanity Fair*,[49] fugira com o sobrinho da velha dama, escandalizando, durante certo tempo, toda a sociedade, com as mesmas maneiras da senhora Rawdon Crawley. Finalmente decaiu, desapareceu do país, sendo depois vista, várias vezes, em Monte Carlo e em outros pontos de jogo... O nobre *gentleman*, de que o mesmo grande sentimentalista tirou o coronel Newcome, morreu, com a palavra *Adsum* nos lábios, alguns meses após a tiragem da quarta edição de *The Newcomes*... Mr. Stevenson publicara, havia pouco, a sua curiosa história psicológica de transformação, quando um dos meus amigos, Mr. Hyde, achando-se no norte de Londres,

---

49. Neste romance, um dos melhores de William Makepeace Thackeray, o tipo de Becky Sharp, governanta inteligente, mas sem virtudes, é contraposto ao da doce Amelia Sedley, virtuosa e tola.

tomou um desvio curto para alcançar uma gare; perdeu o caminho e encontrou-se num sítio intrincado, entre sórdidas e sinistras casas. Sentiu-se nervoso e pôs-se a caminhar muito depressa; subitamente, uma criança, saindo a correr de um beco abobadado, esbarrou-lhe nas pernas e caiu. Mr. Hyde sobressaltou-se, marchou de encontro à criança que, amedrontada e meio confusa, pôs-se a berrar. Em poucos segundos a travessa encheu-se de rapazolas lambuzados, que saíam das casas como formigas. Cercaram o meu amigo e pediram-lhe o nome. Ia responder-lhes quando se lembrou do incidente que abre a história de Mr. Stevenson. Horrorizou-lhe tanto a ideia de reproduzir a cena terrível, tão bem escrita, e de haver feito acidentalmente o que Mr. Hyde realizara com intenção, que fugiu à disparada. Perseguido muito de perto, refugiou-se em um laboratório, cuja porta por acaso estava aberta; ali explicou o que, no momento, acontecera a um jovem médico adjunto então presente. Com uma pequena porção de moedas, conseguiram o afastamento da turba, e, logo que ele não viu mais ninguém, tratou de partir. Ao sair, o nome inscrito na placa de cobre da porta atraiu-lhe a atenção. Era Jekyll. Se não era, ao menos devia ser!

Aqui o arremedo, por mais longe que fosse levado, era acidental e não consciente como no caso seguinte. Em 1879, logo depois de abandonar Oxford, encontrei junto a um dos ministros estrangeiros uma dama cuja beleza exótica era das mais curiosas. Fizemos grande amizade e sempre nos viam juntos. Ela me interessava menos pela beleza que pela feição do caráter. Completamente desprovida de personalidade, podia revestir-se de muitas. Às vezes, entregava-se absolutamente à Arte, transformava o salão em *atelier* e passava dois ou três dias na semana a percorrer galerias de pintura e pelos museus. Outras vezes dava-se a corridas de cavalos, envolvia-se nos mais característicos vestuários de *turf* e não falava senão de *betting*.

Abandonava a religião pelo mesmerismo, o mesmerismo pela política, a política pelas emoções melodramáticas da filantropia; enfim, era uma espécie de Proteu, que, de resto, não conseguiu mais nas suas diversas transformações que esse espantoso deus marinho quando Ulisses dele se apoderou.

Um dia, iniciou-se uma obra em uma revista francesa. Eu lia, então, esse gênero de literatura e lembro-me da surpresa que experimentei ao chegar à descrição de uma heroína. Era tão semelhante à minha amiga, que levei a esta a tal revista; ela reconheceu-se imediatamente e mostrou-se como que fascinada pela semelhança. Noto, de passagem, que a obra era traduzida de um autor russo falecido, que não pudera modelar o seu personagem por ela... Alguns meses depois encontrava-me em Veneza e, vendo a mesma revista no salão do hotel, folheei-a para saber o que acontecera à heroína. Triste história! Acabara por fugir com um homem absolutamente inferior a ela, sob qualquer ponto de vista, social, moral ou intelectual. Escrevi à minha amiga, nessa noite, mandando-lhe minha opinião sobre João Bellini, os admiráveis sorvetes de Florio e o valor artístico das gôndolas, e acrescentei que a sua outra metade, no romance, tinha se comportado muito mal. Não sei por que ajuntei essa observação. Mas lembro-me de que receava a imitação da parte dela...

Ora, antes que minha carta lhe chegasse às mãos, ela fugiu com um homem que a abandonou seis meses depois. Tornei a vê-la em 1884, em Paris, onde vivia com sua mãe, e então perguntei-lhe se a narrativa fora responsável pela sua ação. Disse-me ter sido constrangida, por um irresistível impulso, a seguir, passo a passo, a heroína, na sua marcha fatal, e prevendo tudo isso com um profundo terror dos últimos capítulos. Quando os leu, sentiu-se forçada a reproduzi-los na vida e assim o fez. Era um exemplo bem claro e extremamente trágico do instinto de imitação de que eu falava.

Não insisto mais demoradamente sobre esses exemplos individuais. A experiência pessoal é um círculo estreito e vicioso. Tudo quanto desejo demonstrar é este princípio geral: a Vida imita a Arte muito mais do que a Arte, a Vida. Estou certo de que o acharás justo, se refletires. A Vida apresenta o espelho à Arte e reproduz qualquer tipo estranho imaginado pelo pintor, pelo escultor, ou então realiza de fato o que tenha surgido em ficção. Cientificamente falando, a base da Vida — a energia da Vida, no dizer de Aristóteles — é o desejo da expressão. E a Arte apresenta-nos constantemente numerosos meios de chegar à expressão. Jovens se suicidaram porque Rolla e Werther acabaram assim. E já pensaste quanto devemos à imitação do Cristo ou de César?

CYRILLO. — A teoria é, certamente, curiosa, mas, para completá-la, precisas estabelecer que a Natureza é, como a Vida, uma imitação da Arte!... Estás pronto a provar isto?

VIVIANO. — Eu estou pronto a provar seja lá o que for!

CYRILLO. — A Natureza acompanha o pintor paisagista, e, segundo ele, dispõe os seus efeitos?

VIVIANO. — Certamente! A quem, pois, salvo os Impressionistas, devemos essas admiráveis brumas cinzentas que caem docemente em nossas ruas, embaçando os bicos de gás e transformando as casas em sombras monstruosas? A quem devemos a singular garoa prateada, quieta sobre o nosso rio, e que transforma em leves formas de uma graça passageira a ponte recurvada e a chalupa a balançar-se? A mudança extraordinária operada no clima de Londres, durante estes dez últimos anos, é exclusivamente devida a essa particular escola artística... Tu sorris? Considera o assunto sob o ponto de vista metafísico ou científico — e terás a minha opinião. Com efeito, o que é a Natureza? Não é uma avó que nos houvesse criado; ao contrário, é a nossa criação. As coisas só existem porque *nós* as vemos; e *aquilo* que vemos, *como* vemos, depende das Artes que influem sobre nós. Olhar uma coisa e vê-la são fatos diferentes. Não se vê uma coisa senão quando se compreende a sua beleza. Então, só então, ela brota à existência!...

Presentemente, a gente vê o nevoeiro, não porque ele exista, mas porque poetas e pintores ensinaram o encanto misterioso de seus efeitos. As névoas poderiam envolver Londres durante séculos; direi mesmo que sempre a envolveram; mas ninguém nunca as vira, e, assim, nada saberíamos delas. Enquanto a Arte não as inventasse, não existiriam... Aliás, admito que já se abusa das garoas. Tornaram-se o puro maneirismo de uma roda, cujo método exageradamente realista produz bronquite nos imbecis. Onde um homem culto aprecia um efeito, um tolo apanha frio. Sejamos, portanto, humanos e convidemos a Arte a desviar para outras bandas os seus olhares admiráveis. O que ainda mais ela já fez, essa luz branca e impressiva que se vê agora em França, com suas estranhas nódoas cor de malva e moventes sombras avioletadas, isso é a sua última fantasia, que, em suma, a Natureza reproduz admiravelmente. Onde ela nos dava Corots e Daubignys, atualmente nos dá delicados Monets e Pissaros encantadores. De fato há ocasiões, certamente raras, mas em que se pode observar como a Natureza aparece por completo moderna! Naturalmente não se deve ter muita confiança nela. É uma triste obrigação. A Arte cria um efeito incomparável e único, depois passa a outra coisa; a Natureza, esquecendo-se de que a imitação pode constituir a forma mais franca do insulto, põe-se a repetir esse efeito, até nos aborrecer de todo. Por exemplo: ninguém, entre os cultivados, fala mais na beleza de um pôr do sol. Os ocasos estão inteiramente fora da moda. Pertencem à época em que Turner[50] mostrava, em arte, o último tom. Admirá-los hoje é

---

50. J.M. Turner (1775-1801), o maior paisagista da Inglaterra. Chefe de escola.

um indício positivo de temperamento provincial. Por outro lado, decaem a olhos vistos. Ontem à tarde a senhora Arundel insistiu para que eu me chegasse até à janela, a olhar o céu *glorioso*, como dizia. Naturalmente, deixei-me vencer, porque ela é uma dessas Filistinas, absurdamente belas, a quem nada se pode recusar. E que vinha a ser esse sol poente? Um Turner muito secundário, um Turner do mau período, em que todos os defeitos do pintor eram exagerados, levados à ênfase.

Demais, estou muito inclinado a admitir que a Vida comete muitas vezes os mesmos erros. Arranja falsos Renés e Vautrins truncados, exatamente como a Natureza nos dá um dia um Cuyp duvidoso e no dia seguinte um Rousseau mais que contestável. A Natureza, porém, irrita mais, faz coisas piores. Quanto se nos apresenta mais estúpida, mais evidente, mais inútil! Um falso Vautrin pode ser delicioso. Um Cuyp duvidoso é insuportável. Mas não quero ser tão rude com a Natureza. O Paço de Calais, especialmente em Hastings, não teve muitas vezes o ar de um Henry Moore[51] aperolado, com refringências amarelas; quando a Arte é mais variada, a Natureza, sem dúvida, será mais variada também. Quanto ao fato de ela imitar a Arte, não creio que o seu pior inimigo possa negá-lo. É o seu único ponto de contato com os homens civilizados...

Mas provei a minha teoria à tua vontade?

CYRILLO. — Não estou satisfeito. Admitindo mesmo o estranho instinto imitativo da Vida e da Natureza, não reconhecerás, ao menos, que a Arte exprime o temperamento de sua geração, o espírito de seu tempo, as condições sociais e morais que a envolvem e sob a influência das quais ela nasce?

VIVIANO. — Não, certamente!... A Arte não exprime mais nada, a não ser ela mesma. É o princípio de minha nova estética;

51. Henry Moore (1831-1895), célebre pintor de marinhas.

e é isto, mais que essa conexão essencial da forma e da substância sobre a qual insiste Mr. Pater,[52] que faz da música o tipo de todas as artes. Naturalmente, povos e indivíduos, com essa divina vaidade natural que é o segredo da existência, pensam que as Musas se entretêm com eles e procuram encontrar na calma dignidade da arte imaginativa qualquer refletor de suas vis paixões, esquecendo-se assim de que o cantor da Vida é Mársias[53] e nunca foi Apolo.

Longe da realidade, os olhos voltados das sombras da caverna, a Arte revela a própria perfeição, e a turba boquiaberta, que observa a eclosão da maravilhosa rosa de pétalas inumeráveis, admite ser a sua própria história que lhe narram e ser o seu espírito que então se exprime por uma nova forma! Ilude-se, porém. A Arte superior rejeita o fardo do espírito humano e encontra mais interesse em um processo, assim como materiais novos, do que em qualquer entusiasmo pela arte, em qualquer funda paixão, em qualquer grande despertar da consciência humana. A Arte desenvolve-se puramente nas próprias linhas; não simboliza nenhuma época, mas, ao contrário, tem nas épocas os seus símbolos.

Os que proclamam representar a Arte uma época, um lugar ou um povo reconhecem que, quanto mais uma arte é imitativa, menos nos representa o espírito de seu tempo. As más figuras dos imperadores romanos nos espiam do mau pórfiro e do jaspe enodoado que os artistas do tempo gostavam de cinzelar; e nesses lábios ferozes ou duros queixos sensuais encontraríamos o segredo da ruína do Império? Então

---

52. Walter Pater (1839-1894), crítico de arte do mais fino talento. Mais conhecido, principalmente, por *Marius, o Epicurista*, os *Retratos imaginários* e numerosos estudos sobre a Renascença italiana.

53. Jovem frígio, hábil tocador de flauta, que com esse instrumento desafiou Apolo, sendo vencido e depois escorchado vivo pelo deus.

concordemos! Os vícios de Tibério não podiam destruir essa suprema civilização, assim como as virtudes dos Antoninos não podiam salvá-la. Ela desmoronou-se por outras razões menos interessantes.

As sibilas e os profetas da Sistina, sim, podem prestar-se a interpretar essa ressurreição da liberdade intelectual chamada Renascença. Que nos dizem, porém, da grande alma de seu país os rústicos barrigudos e disputadores dos artistas holandeses?

Quanto mais uma arte é abstrata e ideal, melhor nos revela o caráter de sua época. Se quisermos compreender uma nação pela sua arte, estudemos a sua arquitetura e a sua música.

CYRILLO. — Concordo. As artes abstratas, ideais, podem exprimir melhor o espírito de uma época, porquanto o próprio espírito é abstrato e ideal. Mas, para o aspecto visível de uma época, para o seu *exterior*, devemos naturalmente procurar as artes de imitação!

VIVIANO. — Não creio! Afinal, as artes de imitação não nos oferecem mais que os estilos variados de diferentes artistas ou de certas escolas de artistas. Não admites que a gente da Idade Média se assemelhasse às figuras vistas nos vitrais, nas tapeçarias, nas esculturas em madeira, nos metais cinzelados ou nos manuscritos desse tempo?

Era sem dúvida gente de aspecto comum, sem nada de grotesco, de notável ou de fantástico. A Idade Média, tal como nós a conhecemos pela Arte, é simplesmente uma forma definida de estilo, e não há razão alguma para que um artista possuidor desse estilo deixe de existir no século XIX.

Nenhum grande artista vê as coisas como elas são lealmente. E, se isso lhe acontecesse, não seria mais um artista. Tomemos um exemplo do nosso tempo. Tu gostas, eu bem sei, das *japonaiseries*. Mas, caro amigo, tu imaginas os japoneses, na existência real, os mesmos que nos apresentam em arte? Se imaginas, nunca compreendeste nada de arte japonesa! Os japoneses são a criação refletida e consciente de certos artistas. Examina um *quadro* de Hokusai, Hokkei, ou de qualquer outro grande pintor do país, depois uma dama ou um rapaz, japoneses *reais*, e não descobrirás a menor parecença. Os habitantes do Japão não diferem tanto assim da generalidade dos ingleses; são tipos muito comuns e nada possuem de extraordinário ou de curioso. Todo o Japão, afinal, é uma pura invenção. Não existe esse país. Um dos nossos mais deliciosos pintores foi recentemente à terra dos crisântemos, com a insensata esperança de ver os japoneses. Não os viu e teve que consolar-se com a sorte de pintar algumas ventarolas e lanternas. Assim como sua encantadora exposição, na galeria de Mr. Dowdeswell, o demonstra, não pôde descobrir os habitantes. Ignorava que os japoneses fossem, como eu disse, uma simples maneira de estilo e uma esquisita fantasia artística. Se queres apreciar um efeito japonês, não há necessidade de fazer uma excursão a Tóquio! Ao contrário, fica em tua casa e mergulha-te na obra de certos artistas do Japão; quando tiveres assimilado a alma do seu estilo e a sua visão imaginativa, escolhe qualquer tarde para passeares no Parque ou por Picadilly — e se aí não vires efeitos absolutamente japoneses, então não os verás em parte alguma!

Lembra-te da antiga Grécia! Pensas tu que a arte grega chegou a revelar-nos o que eram os gregos? Acreditas que os atenienses se assemelhavam às majestosas figuras do Partenon ou a essas admiráveis deusas que se acham assentadas no frontão triangular do mesmo monumento? Segundo a Arte, seria preciso crer. Recorre, porém, a uma autoridade, a Aristófanes, por exemplo. Por ele verás como as damas de Atenas se apertavam de laçadas, traziam saltos nas botinas, pintavam o rosto, tingiam os cabelos de amarelo, tal qual uma tola faceirona ou uma meretriz do nosso tempo!... Nós julgamos o Passado pela Arte que, felizmente, nunca diz a verdade.

CYRILLO. — Mas os retratos executados pelos pintores ingleses modernos? Certamente, são parecidos com as pessoas que pretendem representar!

VIVIANO. — Tão parecidos que, dentro de cem anos, ninguém acreditará neles. Os únicos retratos nos quais nos fiamos são aqueles em que há bem pouco do modelo e muito do artista. Em Holbein, os últimos desenhos de homens e mulheres do seu tempo nos parecem espantosamente reais porque ele impôs algumas condições à Vida, como encerrá-la em seus limites, reproduzir-lhe o caráter, a fim de apresentá-la tal como ele entendesse. É o estilo, e unicamente o estilo, que nos faz crer em alguma coisa.

Muitos dos nossos retratistas modernos estão condenados a um esquecimento absoluto, porque nunca pintam o que chegam a ver. Pintam o que o público vê, e o público nunca vê coisa alguma.

CYRILLO. — Muito bem! Depois disso, quisera ouvir o fim do teu artigo.

VIVIANO. — Com todo o prazer. Mas será útil? Não sei. O nosso século é, certamente, o mais prosaico e o mais imbecil. O próprio Sono nos desaponta; cerrou as portas de marfim e abriu as de chavelho; os sonhos da vasta classe média deste país, tais como são referidos nos dois grossos volumes de Mr. Myers[54] e nos trabalhos da *Psychical Society*, tiram-me a coragem. Não se tem mais notícia de um belo pesadelo sequer. Os sonhos são vulgares e fastidiosos.

Quanto à Igreja, nada concebo de melhor para a educação do país do que a formação de um grupo de homens, que teriam o dever de acreditar no sobrenatural, fazer milagres quotidianos, contribuindo assim para a conservação do misticismo, tão

---

54. Frederick Myers (1843-1901), escritor, investigador dos problemas psíquicos.

indispensável à imaginação. Mas, na Igreja Inglesa, triunfa-se muito menos pela fé do que pela incredulidade. Ela é a única onde os céticos ocupam o pináculo e onde se considera são Tomé o ideal dos apóstolos. Mais de um digno padre, que gasta sua vida em admiráveis obras de caridade, passa e morre desconhecido. Basta, porém, que qualquer temerário, superficial e ignorante, galgue o púlpito e exprima as suas dúvidas sobre a Besta de Balaão, a Arca de Noé, ou sobre Jonas e a baleia, para que a metade de Londres corra a ouvi-lo e se embasbaque de admiração pela sua soberba inteligência. Lastimemos o desenvolvimento do Senso Comum na Igreja Anglicana; é, na verdade, uma tola e degradante concessão a uma baixa forma de realismo. A causa está na ignorância completa da psicologia; o homem pode crer no impossível e só não acreditará no improvável.

Vou, porém, terminar o meu artigo.

"O que devemos cumprir, o que em todo caso constitui o nosso dever, é renovar essa velha arte da mentira. Os amadores, no aconchego das famílias, nos *lunches* literários e nos chás das cinco horas, podem fazer muito pela educação. Mas aí se trata apenas da parte leve e graciosa da mentira, tal como a compreendiam, sem dúvida, nos jantares de Creta. Há muitas outras formas. Mentir para uma imediata vantagem pessoal — mentir 'com um intuito moral', como se diz — era uma coisa muito popular no mundo antigo. Atenas dá gargalhadas quando Odisseu pronuncia as suas 'palavras de fino embuste', segundo a expressão de Mr. William Morris. A glória mentirosa ilumina o herói sem mácula da tragédia de Eurípides e coloca entre as nobres mulheres do passado a jovem esposa de uma das mais saborosas odes de Horácio. Mais tarde, o que a princípio não passava de um instinto natural tornou-se uma ciência de raciocínio. Foram formuladas leis concisas para guiar a humanidade e desenvolveu-se uma importante escola literária em torno desse assunto. Na verdade, quando nos lembramos do excelente tratado filosófico de Sánchez sobre toda essa questão, devemos lastimar que ninguém haja até hoje pensado em publicar uma edição resumida e barata das obras desse grande casuísta. Um pequeno breviário intitulado *Como e quando mentir*, redigido de maneira atraente, pouco custoso, teria uma enorme venda e prestaria notáveis serviços a muitas pessoas sérias.

Mentir pelo aperfeiçoamento da mocidade é a base de uma educação na família inglesa; e as vantagens disso acham-se tão admiravelmente expostas no primeiro livro d'*A república* de Platão, que julgamos inútil insistir. Há o jeito de mentir para o qual todas as boas mães sentem particulares disposições, mas que ainda pode ser incrementado e mais cultivado na escola. Mentir por um salário mensal é fato muito notório em *Fleet Street*, e a posição de *leader* político em um jornal tem as suas vantagens; trata-se, porém, de uma ocupação um pouco estúpida e que nada mais promete além de uma faustosa obscuridade. Mentir, visando o próprio interesse, é a única forma que está acima de toda censura; e o mais elevado grau dessa forma é, como já mostramos, a mentira na Arte.

O sólido e pesado espírito inglês jaz no areal deserto como a esfinge do conto maravilhoso de Flaubert; a fantasia dança ao redor dele, convidando-o numa voz dissimulada, de flauta. Presentemente ele nada pode ouvir; mas, um dia, quando a banalidade da ficção moderna nos houver cansado até à morte, há de escutar melhor e então procurará tomar-lhes emprestadas as asas.

Quando despertar essa aurora ou avermelhar esse crepúsculo — como será intensa a nossa alegria! Os fatos serão apontados como vergonhosos, a Verdade há de chorar agrilhoada e a Ficção maravilhosa há de reaparecer-nos. O próprio aspecto do mundo se transformará aos nossos olhos trementes. Behemot e Leviatã virão à tona do mar e nadarão em torno das galeras de alta popa, como nesses deliciosos mapas do tempo, em que eram legíveis os livros de geografia. Os dragões percorrerão os desertos e a Fênix há de elevar-se do seu ninho de fogo até os céus. Havemos de apanhar o Basilisco e na casca do sapo descobriremos uma pedraria preciosa. O Hipogrifo ruminará a aveia dourada nas nossas estrebarias e a Ave Azul livrar-se-á nas asas, acima de nossas frontes, entoando coisas inconcebíveis e belas, coisas adoráveis e que nunca aparecem, que não existem e deveriam existir.

Enquanto, porém, esse dia não chega, cumpre-nos cultivar a arte perdida da Mentira!"

CYRILLO. — Então cultivemo-la imediatamente!... Para evitar, entretanto, algum erro, resume-me as doutrinas da Nova Estética.

VIVIANO. — Ei-las abreviadas: a Arte nunca exprime mais nada, a não ser a própria Arte. Tem uma vida independente, como o Pensamento, e desenvolve-se puramente em suas próprias linhas. Não é necessariamente realista num período de realismo, nem espiritualista em uma idade de fé. Não é produto de sua época, com a qual está ordinariamente em desacordo, e a história que nos revela é a do seu próprio progresso. Às vezes, volta sobre os próprios passos e faz ressurgir alguma antiga forma, como aconteceu no movimento arcaístico da última arte grega e no movimento pré-rafaelita de hoje. Outras vezes vai adiante da época e produz uma obra que será compreendida e admirada pelo século futuro. Em caso algum representa o seu tempo. Passar da arte de uma época a essa própria época, eis o grande erro cometido por todos os historiadores.

Eis a segunda doutrina: toda arte falsa provém de um retorno à Vida e à Natureza, e da preocupação em elevarem-se essas duas coisas à altura de ideais. Pode-se utilizar a Vida e a Natureza como materiais, mas, antes, devem elas ser transformadas em convenções artísticas. A Arte morre quando deixa de ser imaginativa. O Realismo, como método, é de completo insucesso — e o artista deve evitar o modernismo de forma e o modernismo de assunto. A nós, que vivemos no século, não nos importa o século, salvo o nosso, que venha oferecer um assunto artístico conveniente. As únicas coisas belas são aquelas que não nos afetam. Como Hécuba não nos toca de perto, por isso mesmo suas desgraças são um bom motivo de tragédia. Zola esforça-se para nos dar um quadro do Segundo Império. Quem agora se preocupa com o Segundo Império? Está fora da moda. A Vida vai mais ligeiro que o Realismo, mas a Imaginação está sempre face a face com a Vida.

O terceiro ponto da doutrina mostra que a Vida imita muito mais a Arte do que é imitada pela Arte. Isso resulta não somente do instinto de imitação da Vida, mas do fato de ser a expressão um dos desígnios conscientes da Vida, que descobre na Arte certas belas formas para realizar essa energia. Tal teoria, inédita, é das mais frutuosas e lança uma luz inteiramente nova sobre a história da Arte. Segue-se, como corolário, que a Natureza visível também copia a Arte. Todos os efeitos que nos possa mostrar, já os conhecemos pela pintura ou pela poesia. É o segredo do encanto da Natureza, assim como a explicação de sua fraqueza.

Como revelação final, a Mentira, ou a exposição das coisas falsas, constitui o legítimo intento da Arte... Disto, porém, creio ter falado bastante.

Vamos agora ao terraço, onde "o pavão de uma brancura de leite pende languidamente como um espectro", enquanto a estrela da tarde "purifica o lusco-fusco de prata". Ao crepúsculo, a Natureza é de um efeito maravilhosamente sugestivo e não deixa de ter sedução, embora seja principalmente empregada para ilustrar citações de poetas.

Vem! Já falamos bastante!

PENA, LÁPIS E VENENO

ESTUDO EM VERDE

Pensam sempre os homens de letras e os artistas ter o espírito incompleto e desequilibrado. Não o podem ter de outra maneira!

Essa concentração de vista e essa intensidade de desígnio, que caracterizam o temperamento artístico, são uma espécie de restrição. Àqueles, aos quais preocupa a beleza da forma, nada, além disso, parece importante.

Contudo, as exceções a essa regra abundam: Rubens foi embaixador, Goethe, conselheiro de Estado, e Milton, secretário de Cromwell. Sófocles preencheu cargos cívicos em sua cidade natal; os humoristas, cronistas e romancistas da América moderna nada de melhor desejavam que virem a ser representantes diplomáticos de seu país.

Quanto a Thomas Griffiths Wainewright, amigo de Charles Lamb e objeto desta exígua memória, esse seguiu muitos mestres, além da arte, apesar do seu temperamento extremamente artístico; foi não somente um poeta, um pintor, um crítico, um antiquário, um prosador, um amador de belas coisas, um "diletante" de coisas deliciosas, mas também um falsário extraordinariamente capaz e um envenenador sutil e misterioso, quase sem rival em qualquer época que se considere.

Esse tão brilhante homem da "pena, do lápis e do veneno", como lindamente o disse um poeta contemporâneo, nasceu em Chiswick, em 1794. Seu pai era filho de um distinto advogado de *Gray's Inn* e *Hatton Garden*, e sua mãe, filha do célebre doutor Griffiths, o editor fundador da *Monthly Review*, o associado, em outra especulação literária, de Thomas Davies (famoso livreiro de quem dizia Johnson: "não é um livreiro, mas um *gentleman* que se ocupa de livros"), o amigo de Goldsmith e Wedgwood e um dos homens mais conhecidos de sua época.

A senhora Wainewright faleceu aos 21 anos, ao lhe dar à luz; um artigo necrológico do *Gentlemen's Magazine* alude ao "seu amável caráter e aos seus variados talentos" e acrescenta graciosamente que, "sem dúvida, ela compreendeu os escritos de Mr. Locke melhor do que ninguém de qualquer dos dois sexos vivo atualmente". O pai não sobreviveu muito à sua jovem esposa e a criança foi, sem dúvida, educada por seu avô e, depois da morte deste, sobrevinda em 1803, por seu tio, George Edward Griffiths, a quem, mais tarde, envenenou.

Sua infância passou-se em Linden House, Turnham Green, uma dessas lindas moradas georgianas que, infelizmente, desapareceram diante das invasoras construções dos arrabaldes. Tão lindo parque finamente coberto de bosques desenvolveu-lhe o amor simples e calmo da natureza, amor que o tornou tão sensível, mais tarde, à poesia de Mr. Wordsworth. Estudou na escola de Charles Burney, em Hammersmith. Mr. Burney, filho do historiador da música e o mais próximo parente do jovem que deveria tornar-se o seu mais notável discípulo, foi, ao que parece, um homem de alta cultura; anos depois Wainewright citava-o frequentemente, com afeto, como um filósofo, arqueólogo e admirável professor; não esquecia o valor intelectual do ensino e a precoce educação moral que dele havia recebido.

Foi por sua influência que veio a ser um artista; e Mr. Hazlitt diz-nos que um livro de desenhos do qual se servira na escola existe ainda e mostra que já ele tinha muito talento e sensibilidade natural. Em resumo, a pintura foi a primeira arte que o fascinou. Muito mais tarde somente, procurou exprimir-se pelo veneno e pela pena.

Parece que, primeiramente, fora atraído para a vida de soldado, a qual, infantilmente, imaginava cavalheiresca e romântica, pelo que se tornou assim um jovem *guardsman*. A vida descuidada e dissipada de seus companheiros não lhe satisfez, porém, o delicado temperamento artístico: estava talhado para coisa diferente. Bem cedo o "serviço" cansou-o completamente. "A Arte" — diz-nos ele em palavras que ainda emocionam, pela ardente sinceridade —, "a Arte tocou o seu renegado; sob a sua pura e nobre influência os nevoeiros perniciosos dissiparam-se; uma tenra floração, grata a um coração simples, renovou os meus sentimentos ressequidos." A Arte, porém, não causou sozinha essa mudança. "Os escritos de Wordsworth" — continua ele — "contribuíram muito a calmar a confusa viravolta produzida em mim por essas modificações súbitas. Chorei sobre eles lágrimas de felicidade e de reconhecimento."

Deixou, pois, o exército, a vida brutal da caserna e a conversa grosseira. Regressou a Linden House, cheio de recente entusiasmo pelas coisas da inteligência. Uma séria moléstia, na qual, diz ele, "se sentiu quebrado como um vaso de argila", abateu-o durante algum tempo. A sua organização delicadamente afinada, ainda que indiferente à dor que infligisse a outrem, sentiu vivissimamente a sua. Recuava em face do sofrimento como diante de algo que desfigura, que estropia a vida humana, e peregrinou, ao que parece, nesse terrível vale de melancolia, donde bem grandes e talvez maiores espíritos não podem evadir-se. Era, porém, moço, tinha apenas 25 anos e passou logo das "paradas águas negras" para a mais vasta atmosfera da intelectualidade. Assim que se ergueu da terrível moléstia, veio-lhe a ideia de adotar, como grande arte, a literatura. "Eu digo como John Woodwill"[1] — exclama ele — "seria uma vida de Deuses habitar um tal elemento", ver, ouvir e escrever tão belas coisas!

Estes finos sabores da vida
A morte não os corrompe.

Sente-se, não é exato, a eloquência de um homem que possui uma verdadeira paixão pelas letras. "Ver, ouvir e escrever tão belas coisas", tal era o seu escopo.

Scott, o editor do *London Magazine*, influenciado pelo gênio do rapaz ou pela sua singular fascinação, pediu-lhe uma série de artigos sobre assuntos artísticos. Começou ele por contribuir para a literatura de seu tempo sob vários pseudônimos. *Janus Weathercock*, *Egomet Bonmot*, e *Van Vinkvooms*, tais foram algumas das máscaras grotescas sob as quais quis ocultar a sua gravidade e mostrar o seu encanto. Uma máscara é mais eloquente do que um rosto. Esses disfarces tornaram-lhe mais forte a individualidade. Em tempo incrivelmente curto parece haver adquirido o seu cunho. Charles Lamb fala do "amável e alegre Wainewright", cuja prosa é "de primeira ordem". Nós sabemos que convidou Macready, John Porster, Maginn, Talfourd, o poeta, John Clare e outros a um "*petit diner*".

Como Disraeli, resolveu maravilhar a cidade com o dandismo, os belos anéis, o camafeu antigo arranjado em alfinete de gravata; as luvas de pele amarelo-clara tornaram-se célebres e Hazlitt as considerou mesmo como os sinais de um novo gênero literário! E os abundantes cabelos anelados, os

---

1. Herói de uma tragédia de Charles Lamb (1775-1834).

belos olhos e as suas esquisitas mãos brancas davam-lhe essa encantadora e perigosa distinção, diferente das demais. Assemelhava-se um tanto ao Luciano de Rubempré, de Balzac. Às vezes, lembrava-nos Julien Sorel. De Quincey viu-o uma vez num jantar em casa de Charles Lamb. "Entre os convivas, todos literatos, achava-se um assassino", diz-nos ele. Conta-nos que, indisposto nesse dia, qualquer rosto humano, masculino ou feminino, o horripilava, mas que olhou, contudo, com um interesse intelectual além, na mesa, o jovem escritor, sob cuja afetação de maneiras acreditava perceber uma bem sincera e profunda sensibilidade. Ele medita sobre o "súbito desenvolvimento de um outro interesse" que tanto teria mudado o seu humor, se houvesse sabido que terrível pecado carregava o hóspede, ao qual Lamb dispensava tantas atenções.

O trabalho de sua vida cai naturalmente sobre as três cabeças sugeridas por Swinburne, e pode admitir-se que, se nós rejeitamos as suas façanhas de envenenador, o que nos legou dificilmente justifica a sua reputação.

Os filisteus, porém, só julgam alguém pela produção. Esse jovem dândi preferiu ser alguém a fazer alguma coisa. Declarava que a vida é uma arte que tem suas maneiras de estilo, não menos que as artes que procuram reproduzi-la. De resto, a sua obra não é destituída de interesse. William Blake parou diante de uma de muitas de suas pinturas na *Royal Academy* e declarou-as "lindíssimas". Seus ensaios deixam adivinhar as suas realizações ulteriores. Parece que antecedeu certos desses acidentes da cultura moderna que muitos consideram essenciais. Ele escreveu sobre a Gioconda, sobre os primeiros poetas franceses e o Renascimento italiano. Amava as pedrarias gregas, os tapetes da Pérsia, as traduções do tempo de Isabel, de *Cupido e Psyché*, a *Hypnerotomachia*, as encadernações, as antigas edições e as provas de margem larga. O valor dos meios suntuosos encontrava-o profundamente sensível, e ele não se cansava de descrever-nos os apartamentos que habitava ou desejou habitar. Tinha a curiosa paixão do verde que nos indivíduos é sempre o sinal de um sutil temperamento artístico e denota nos povos um relaxamento, senão uma decadência de costumes. Como Baudelaire, admirava os gatos, e como Gautier, os "doces monstros em mármore", de ambos os sexos, que podemos ver em Florença e no Louvre, fascinavam-no.

Muitas das suas descrições e dos seus projetos de decorações mostram que não se libertara inteiramente do mau gosto do tempo. Foi, porém, um dos primeiros a reconhecer que a chave do ecletismo estético é a harmonia de todas as belas coisas, sem a preocupação de sua época, de sua escola ou do seu estilo. Viu que, para adornar uma câmara — um aposento para viver, não de parada —, nós não devemos visar a reconstituição arqueológica do passado nem nos embaraçarmos com qualquer exatidão histórica.

Essa convicção é excelente. Todas as belas coisas pertencem à mesma época.

Assim, na sua biblioteca, tal como ele a descrevia, encontramos um delicado vaso grego, com figuras finamente pintadas e a *ΚΑΛΛΟΣ* graciosamente traçada num dos lados; atrás está posta uma estampa da *Sibila de Delphos*, de Miguel Ângelo, ou da *Égloga*, de Giorgione. Aqui, um pouco de majólica florentina, ali, uma grosseira lâmpada tomada de algum túmulo romano. Sobre a mesa, um livro de Horas com uma encadernação de prata dourada maciça, elegantemente cinzelada e guarnecida de pequenos brilhantes e rubis, é fechado por um pequeno "monstro agachado", um deus Lar, talvez, extraído dos luminosos campos da Sicília, fértil em trigos. Sombrios bronzes antigos contrastam "com a palidez de dois nobres crucifixos, um de marfim, outro de cera modelada". Tinha pratos de pedra de Tássia, uma pequena *bonbonnière* Luís XIV com uma miniatura de Pettitot, custosas "*théières* de *biscuit* escuro e trabalhadas de filigranas", um *buvard* de marroquim cor de limão e a sua cadeira "verde Pomonne".

É possível representá-lo entre os livros, figuras e estampas, verdadeiro *virtuose*, sutil conhecedor, folheando a sua bela coleção de Marco-Antônios e o seu *Liber Studiorum* de Turner que ele muito admirava, ou examinando ao microscópio camafeus e pedrarias, "a cabeça de Alexandre em um ônix e dois *strata*", ou "esse soberbo *altissimo relievo*, Júpiter Ægiocus, em uma cornalina". Grande amador de estampas, deixou úteis conselhos sobre os melhores meios de formar-se uma coleção delas. E, ainda que apreciando plenamente a arte moderna, jamais perdeu de vista a importância das reproduções dos grandes mestres de outrora; tudo quanto diz sobre os moldes em gesso é admirável. Como crítico, ocupou-se desde o começo com as impressões complexas produzidas por uma obra de arte; e, certamente, o primeiro passo no estetismo crítico é bem compreender suas próprias impressões. Ele quase não cuidava das discussões abstratas sobre a natureza do Belo. O método histórico que depois deu tão ricos frutos não existia nessa época. Mas não perdeu de vista esta grande verdade: a Arte não se dirige desde logo nem à inteligência, nem à sensibilidade, mas ao temperamento artístico; e mostrou mais de uma vez que, inconscientemente guiado e aperfeiçoado pelo contato frequente com as melhores obras, esse temperamento tornou-se afinal uma espécie de juiz seguro. Há certamente modas na arte como no traje, e nenhum de nós pode libertar-se da influência do hábito e da novidade. Ele não chegava lá também e contava francamente a dificuldade em fazer-se uma opinião imparcial sobre as obras contemporâneas. Seu gosto era em geral seguríssimo. Admirou Turner, Constable,[2] numa

2. Constable, grande paisagista inglês (1776-1837).

época em que não se os apreciava como hoje, e compreendeu que a arte da paisagem requer mais que "o simples trabalho e a cópia exata". A *Cena perto de Norwich*, de Crome,[3] mostra-nos, diz ele, "o que uma sutil observação dos elementos pode fazer por uma planície menos que interessante". Do gênero de paisagem popular em sua época, diz ele que "é simplesmente uma enumeração de colinas e vales, tocos de árvores, água, arbustos, pradarias, cabanas e coisas; apenas mais do que a topografia, uma espécie de carta geográfica pintada — e na qual os arco-íris, as chuvas torrenciais, os nevoeiros, os halos, os rios de luz que atravessam as fendas das nuvens, as tempestades, a luz das estrelas e todos os melhores materiais dos pintores não existem".

Alimentava uma profunda antipatia pelo que é aborrecido e comum em arte e, se convidava Wilkie[4] a jantar, ligava tão pouca importância aos quadros de sir David quanto às poesias de Mr. Crabbe.[5] Não simpatizava com as tendências imitativas e realistas de seu tempo e não dissimula que a sua grande admiração por Fuseli nasce principalmente do fato de o pequeno helvécio não acreditar que um artista pudesse pintar somente o que vê. Apreciava sobretudo a composição, a beleza e a nobreza da linha, a riqueza de cor e a potência imaginativa. Não obstante, não era um doutrinário. "Eu sustento que a obra de arte não pode ser julgada senão por leis tiradas de si mesma, quer esteja ou não de acordo consigo mesma, no exame." É esse um dos seus excelentes aforismos. E criticando pintores tão

---

3. Crome, êmulo do precedente (1768-1821).
4. Sir David Wilkie, pintor de cenas familiares e ilustrador de Walter Scott, pelo pincel (1785-1841).
5. Crabbe (1754-1832) cantou em seus poemas os pobres da Inglaterra, seus costumes e misérias.

diversos, como Landseer,[6] Martin,[7] Stotthard[8] e Etty,[9] mostra, para servir-se de uma frase agora clássica, que ensaia "ver o objeto tal qual é, realmente, em si mesmo".

Entretanto, como já indiquei, não se sente muito à vontade a criticar obras contemporâneas. "O presente" — diz ele — "parece-me uma confusão tão agradável quanto Ariosto, à primeira leitura... As coisas modernas fascinam-me. Sou obrigado a olhá-las através do telescópio do tempo. Elia queixa-se de ser sempre incerto quanto ao valor de um poema manuscrito. Como ele o diz muito bem, a impressão 'fixa-o'. Pois bem! Um brilhante verdete de cinquenta anos produz, quanto à pintura, o mesmo resultado."

É, certo, mais feliz quando escreve sobre Watteau e Lancret, sobre Rubens e Giorgione, sobre Rembrandt, Corregio, Miguel Ângelo e, especialmente, sobre a Grécia. O gótico impressiona-o pouquíssimo; mas a arte clássica e a da Renascença foram-lhe sempre caras. Ele percebeu o que a nossa escola inglesa poderia lucrar com o estudo dos modelos gregos e jamais se cansou de indicar aos estudantes novos as possibilidades artísticas que dormitam nos mármores e os métodos de trabalho da Grécia. Nas suas opiniões sobre os grandes mestres italianos, achava-se, afirma-o De Quincey, "O tom de sinceridade e de sensibilidade nativas de alguém que fala por si mesmo e não se contenta em copiar dos livros". O mais alto louvor que lhe possamos fazer é que ele tentou ressuscitar o estilo, uma tradição consciente. Viu, porém, que todas as conferências e congressos artísticos, não mais que "os projetos para fazer progredir as belas-artes", não produziriam jamais esse resultado. "É mister que os povos"

---

6. Landseer (1802-1873), pintor de animais, do tempo.
7. Martin (1739-1818), paisagista sueco.
8. Stotthard (1755-1834), pintor de gênero.
9. Etty (1787-1849), pintor de história.

— diz ele magistralmente e no verdadeiro espírito de *Toynbee Hall*[10] — "tenham sempre sob os olhos melhores modelos."

Tal como se podia esperar de um pintor, revela-se extremamente técnico nas críticas de arte. Assim se exprime a propósito do *São Jorge libertando a princesa egípcia do dragão*:

> *O vestido de Sabra, de um ardente azul da Prússia, destaca-se, graças a uma banda de vermelhão, do último plano verde-pálido; essas duas vivas cores repetem-se lindamente, mais brandas, nos estofos purpúreos, e na azulada armadura do santo, encontrando pleno equilíbrio na roupagem de brilhante ultramarino do primeiro plano, depois nas sombras de anil da selva que domina o castelo.*

Noutro lugar fala com entendimento de um "delicado Schiavone, variado como um canteiro de tulipas, com ricas cores quebradas", de um "brilhante retrato, notável pela sua *morbidezza*, pelo parcimonioso Maroni" e de um outro quadro "de carnes macias".

Em geral, porém, trata as impressões como um todo artístico e procura traduzi-las em palavras e dar-nos delas um equivalente literário. Foi dos primeiros a contribuir para a "literatura da arte" do século, essa forma de literatura da qual Ruskin e Browning[11] são os dois mestres. Sua descrição do *Repasto italiano*, de Lancret,[12] no qual "uma jovem morena brincalhona estende-se sobre a erva sarapintada de margaridas", é, sob certos pontos de vista, deliciosa.

Eis a descrição da *Crucificação* de Rembrandt, que caracteriza perfeitamente o seu estilo:

---

10. Universidade popular em East-End, onde estudantes instruem o povo.
11. Robert Browning (1812-1889), um dos gênios poéticos da Inglaterra.
12. Lancret (1690-1743), pintor francês, aluno de Watteau.

A obscuridade funesta, igual à da fuligem, cobre tudo: não obstante, acima do lenho maldito, por uma horrível fenda no sombrio teto, um dilúvio de chuva, "rajada de granizo, água branca", abate-se com violência, espalhando uma cinzenta luz espectral, mais temerosa ainda que a noite palpável. Já a Natureza ofega com prematuro esforço. A Cruz sombria treme! Nenhum vento move o ar como que estagnado... Súbito uma parte da miserável multidão desce, fugindo, da colina, porque um imenso fragor reboou sob seus pés. Os cavalos farejam o terror que se aproxima e impacientam-se. Está prestes o momento em que quase dilacerado por seu próprio peso, esgotado pela perda do sangue, que lhe corre aos jorros das veias, com as têmporas e o peito inundados de suor, com a língua enegrecida e ressecada pela comburente febre da morte, Jesus exclama: "Tenho sede!" e o vinagre mortal é suspenso à sua boca.

A cabeça cai-lhe novamente e, inconsciente da cruz, o sagrado corpo vacila. Um flamejamento vermelho rompe no ar e desaparece. Os rochedos do Carmelo e do Líbano fendem-se; o mar precipita-se e eleva acima das praias as negras vagas em turbilhão. A terra então entreabre-se; os habitantes dos túmulos daí surgem. Os mortos e os vivos, mesclados de modo sobrenatural, correm à cidade santa. Prodígios novos esperam-nos aí. O véu do templo, o véu que não deixa passar a luz, rompe-se de alto a baixo, e esse temeroso reduto que abriga os mistérios hebraicos, a arca fatal, as tábuas e o candelabro de sete braços, aparece em chamas à multidão desertada de Deus!...

Rembrandt jamais pintou esse esboço. E teve razão. Teria perdido quase todo o encanto, perdendo o atraente véu de imprecisão que, por forçar a imaginação incerta a exercer-se, tanto aumenta o alcance de uma obra. Agora é como uma coisa de além-túmulo. Um sombrio abismo separa-nos. E intangível. Só em espírito podemos nos aproximar dele.

Nessa passagem — diz-nos o autor — "com respeito e reverência", horrível, mas também uma certa potência crua, ou, em todo caso, brutalidade nas palavras, qualidade que nossa época muito apreciaria, por constituir o seu defeito principal. É mais agradável passar à seguinte descrição do *Céfalus e Prócris*, de Giulio Romano.

> *É mister ler-se a lamentação de Moschus ante Bion, o doce pastor, antes de olhar esta tela ou estudá-la para preparar-se à lamentação. As imagens são as mesmas. Para uma e outra vítima, os altos bosques e os vales das florestas murmuram, as flores exalam perfumes que fazem entristecer, o rouxinol voa sobre as terras pedregosas e a andorinha, sobre as longas enliças do vale; os sátiros também e os faunos, velados de negro, gemem; as ninfas das fontes debulham-se em lágrimas; as cabras e as ovelhas deixam as pastagens; as oréades, ansiosas por escalar os inacessíveis píncaros dos rochedos, descem à pressa para longe do farfalhar de seus pinheiros acariciados pelo vento, enquanto as dríades se inclinam entre as franças do arvoredo enredado, e os ribeiros gemendo sobre a branca Prócris, com inumeráveis vagas de soluço:*
>
> Enchem de uma só voz o oceano infinito.
>
> *As abelhas de ouro permanecem silenciosas sobre o Himeto, que o tomilho perfuma, e onde a trompa, tocando afinada pelo amor da Aurora, não dissipará mais o frio crepúsculo!... O primeiro plano é um terreno ervoso, combusto pelo sol, com escarpas e montículos semelhantes a vagas e que tornam ainda mais desiguais os troncos de árvores prematuramente cortados pelo machado e donde despontam tênues ramos verdes. O terreno eleva-se bruscamente à direita em um bosquete denso, impenetrável às estrelas, à entrada do qual se acha, fulminado, o rei da Tessália; tendo entre os joelhos*

esse corpo de marfim que, momentos antes, separava de sua fronte pálida os ramos e, comovido pelo ciúme, corria sobre as flores e espinhos — e agora jaz pesado e imóvel, salvo quando a brisa levanta, por brinco, a sua espessa cabeleira.

Fora dos troncos vizinhos, constrangidas, correm aos gritos as ninfas estupefatas, "e os sátiros adiantam-se coroados de hera entrelaçada e cobertos de peles de animais, revelando uma estranha compaixão nas suas feições lunadas".

Retocada com cuidado, essa descrição seria completamente admirável. A ideia de fazer um poema em prosa, segundo a pintura, é excelente. Muito da melhor literatura moderna ensaia-se nisso. Num feio mas sensível século, as artes suprem-se, não da vida, mas das artes vizinhas.

As suas simpatias eram também maravilhosamente diversas. Tudo quanto respeitava à cena, por exemplo, muito o interessava, e ele preconizava com ardor a exatidão arqueológica das vestes e da decoração. "Na arte" — diz em um desses ensaios — "o que é digno de ser feito é digno de ser bem-feito"; e mostra que, se aceitamos alguns anacronismos, não sabemos mais onde isso pode parar. Em literatura, como disse lorde Beaconsfield[13] em uma famosa ocasião, estava "ao lado dos anjos". Foi dos primeiros a exaltar Keats[14] e Shelley,[15] "o sensitivo tremente, o

13. Lorde Beaconsfield [Benjamin Disraeli (1804-1881)], escritor e estadista inglês; israelita de origem, elegante, *leader* do salão de lady Blessington. Obteve a admissão dos judeus no parlamento. Seu primeiro livro intitulava-se *Vivian Grey*; o primeiro livro de Wilde foi *O retrato de Dorian Gray*!

14. Keats (1795-1821), poeta original. Morreu cedo, tuberculoso. (Obras: *Hyperion*, *Lamia*, *Isabella*.)

15. Percy Bysshe Shelley (1792-1822), poeta, expulso de Oxford por ateísmo e, mais tarde, o pesadelo da crítica puritana. (Obras: *Queen Mab*, *Alastor*, *The Cenci*.)

poético Shelley"; a sua admiração por Wordsworth era sincera e profunda. Apreciava muito William Blake.

Um dos melhores exemplares das *Canções de inocência e experiência* foi preparado especialmente para ele. Gostava de Alain Chartier, de Ronsard, dos dramaturgos do tempo de Isabel, de Chaucer,[16] de Chapman, de Petrarca. Para ele as artes eram *uma*. "Os nossos críticos" — nota ele com grande profundeza — "ignoram a identidade de origem da poesia e da pintura e que, quando se avança no estudo sério de uma arte, também se adianta no das outras artes." E acrescenta que, se um homem não admira Miguel Ângelo e nos fala de sua paixão por Milton, ou engana aos seus leitores ou a si próprio.

Era sempre amável com os seus colaboradores do *London Magazine* e louva Barry Cornwall, Allan Cunningham, Hazlitt, Elton e Leigh Hunt, sem nada das malevolências de um amigo. Alguns dos seus retratos de Charles Lamb são admiráveis.

Uma face da sua carreira literária merece especial referência. O jornalismo moderno deve-lhe tanto quanto a quem mais dever nessa primeira metade do século. Foi o campeão da prosa *asiática*, dos epítetos coloridos e dos exageros enfáticos. Uma importante e admirada escola literária dos escritores de *Fleet Street* caracteriza-se por um estilo tão suntuoso, que o assunto aí desaparece inteiramente; *Janus Weathercock*[17] pode ser considerado o fundador dessa escola... Compreendeu também que, tornando ao jornalismo continuamente, o escritor pode interessar o público pela sua pessoa e, nos artigos de jornais, conta-nos esse extraordinário rapaz qual a sociedade que convida a jantar, onde compra os seus objetos, que vinho prefere e até como vai de saúde — exatamente como se escrevesse notas hebdomadárias em algum jornal popular do nosso tempo.

---

16. Geoffrey Chaucer (c. 1340-1400), grande poeta sob Ricardo II.
17. Um dos seus pseudônimos, é bom lembrar.

Era esse o lado menos estimável de sua obra e o que, por isso, obteve maior êxito. Um publicista, atualmente, é um homem que aborrece o público com as ilegalidades de sua vida privada.

Tal como certas pessoas artificiosas, ele amava a natureza. "Tenho três coisas em grande estima" — diz ele algures — "estender-me preguiçosamente em uma eminência que domine uma bela paisagem; gozar a sombra de árvores copadas, enquanto o sol brilha ao redor de mim; afundar-me na solidão sem perder consciência da vizinhança. O campo me fornece todas três." Maravilhava-se com os tojos e as giestas perfumadas, junto às quais repetia a *Ode à noite*, de Collins,[18] para melhor sentir a doçura do momento; mergulhava a face, conta ele, "num canteiro de 'primaveras' úmidas do orvalho de maio"; contemplava com delícia, "ao crepúsculo, o regresso das vacas ao curral, ofegando mansamente, e encantava-o o guizo longínquo do rebanho". Uma de suas frases, "o polianto brilhava no seu frio leito de terra como um Giorgione em seu caixilho de carvalho", caracteriza curiosamente o seu temperamento. Essa outra paisagem é, em seu gênero, bem linda:

> *A erva curta e tenra brilhava de margaridas — "das que se chamam daisies em nossa cidade" — tão numerosas quanto as estrelas de uma noite de verão. O grasnar discordante das gralhas azafamadas descia, cômica melodia, de um alto e sombrio grupo de olmos e, intervaladamente, ouvia-se a voz de um garoto enxotando os pássaros dos lugares recentemente semeados. As profundezas azuis lembravam as ondas mais carregadas de ultramar; nenhuma nuvem riscava o calmo éter; à borda do horizonte derramava-se apenas uma luz mais viva, película brumosa de vapor, sobre a qual se destacava cruamente, branca de cegar, a velha igreja de*

---

18. William Collins (1721-1759), delicado poeta; autor da *Ode ao medo.*

pedra da aldeia próxima. Eu pensava nos Versos escritos em março, de Wordsworth.

Não nos esqueçamos, porém, de que o jovem cultivado, autor dessas linhas e tão suscetível à influência de Wordsworth, era também, como eu o dizia no começo desta memória, um dos envenenadores mais sutis e misteriosos de seu tempo ou de qualquer outra época. Como foi que o fascinou esse estranho pecado? Ele não nos referiu, e o diário no qual anotava com cuidado o seu método e os resultados de suas terríveis experiências não nos chegou, infelizmente. Mesmo nos últimos dias calava-se sobre o assunto e preferia falar de amena literatura. Não se pode, contudo, duvidar que o seu veneno tenha sido a estricnina. Em um dos belos anéis, dos quais tanto se orgulhava e que faziam valer tão bem o gracioso modelado de suas mãos divinas, trazia cristais de noz vômica da Índia, um veneno "quase sem sabor, difícil de descobrir e quase infinitamente suscetível de diluição".

Os seus assassínios, segundo De Quincey, foram mais numerosos do que a justiça jamais o soube. Sobre isso não há dúvida. Merecem menção alguns deles.

A sua primeira vítima foi o tio, Mr. Thomas Griffiths. Envenenou-o em 1829 para entrar na posse de Linden House, sítio de que sempre havia gostado. Em agosto do ano seguinte, fez Mrs. Abercrombie, sua sogra, sofrer a mesma sorte e, em dezembro, a adorável Helena Abercrombie, sua cunhada. Não se sabe bem por que matou Mrs. Abercrombie. Talvez por capricho, ou para exercitar a medonha faculdade, ou porque suspeitava alguma coisa, ou sem motivo algum. O extermínio de Helena Abercrombie, porém, executado por ele e sua esposa, teve como móvel uma soma de 18.000 libras, aproximadamente, pela qual se achava segurada a sua vida em diversas companhias. Eis as circunstâncias. A 12 de dezembro, ele, a esposa e filho vieram de Linden House a Londres e hospedaram-se em Conduit Street, 12, em Regent Street. As duas irmãs, Helena e Magdalena Abercrombie, acompanhavam-nos. Na noite de 14, foram todos ao espetáculo; ao cear, Helena sentiu-se doente. No dia imediato, seu estado piorou e o doutor Locock, de Hanover Square, foi chamado e medicou-a. Ela viveu até terça-feira, 20, dia em que, após a visita do médico, Mr. e Mrs. Wainewright lhe deram geleia envenenada e afastaram-se para passear. Ao voltarem, encontraram-na morta. Era uma bela rapariga de vinte anos, possuidora de soberbos cabelos. Dela ainda existe um lindo desenho a lápis rubro, feito por seu cunhado, que mostra quanto este, como artista, experimentou a influência de sir Thomas Lawrence, de quem sempre foi admirador. De Quincey afirma que Mrs. Wainewright não soube do crime. Cremo-lo facilmente, pois o pecado deve andar solitário e sem cúmplices.

As companhias de seguros suspeitavam da verdade e recusaram liquidar a conta sob vários pretextos. Com uma singular coragem, o assassino intentou e perdeu um processo que durou cinco anos. O juiz, em última instância, era lorde Abinger. Mr. Erle e sir William Follet representavam *Egomet Bonmot*;[19] o procurador-geral e sir Frederick Pollock eram pela outra parte. O querelante não pôde assistir a nenhuma das audiências do processo. A recusa das companhias tinha-o colocado em uma embaraçosíssima situação pecuniária. Meses após o assassínio de Helena Abercrombie, foi mesmo preso, por dívidas, nas ruas de Londres, quando dedicava uma serenata à bela filha de um de seus amigos. Resolveu a dificuldade, mas pouco depois julgou melhor deixar o país, até poder liquidar os credores. Partiu, pois, para Boulogne, para a casa do pai da rapariga da serenata e, durante essa permanência, persuadiu-o a fazer

---

19. Pseudônimo de Mr. Griffiths.

um seguro de vida na Companhia do Pelicano. Preenchidas as formalidades e assinada a apólice, ele pôs estricnina no café do "segurado", uma noite em que se achavam sentados, juntos, após o jantar. Nada ganhava com isso, mas vingava-se da companhia que tomara a iniciativa de recusar-lhe o preço de seu assassinato. Seu amigo morreu no dia seguinte em sua presença. Deixou logo Boulogne e empreendeu uma excursão de pintor pelos sítios mais pitorescos da Bretanha. Depois viveu vários anos em Paris, no luxo, dizem uns, "ocultando-se, com veneno no bolso e temido de todos os que o conheceram", afirmam outros. Em 1837, voltou secretamente à Inglaterra. Uma estranha fascinação aí o conduzia. Acompanhava uma mulher que amava.

Isso passava-se no mês de junho. Ele morava em um dos hotéis de Covent Garden, onde tinha no andar térreo uma pequena sala, de que conservava arriadas as cortinas, receoso de ser visto.

Treze anos anteriormente, quando compunha a sua bela coleção de velhas louças pintadas e de Marco-Antônios, havia falsificado assinaturas em uma procuração e assim obtivera dinheiro. Sabia da descoberta dessa falsificação e que, voltando à Inglaterra, punha a vida em perigo. Entretanto, voltou. Espantam-se? A mulher era, ao que dizem, muito bonita. E, além disso, não o amava.

Descobriram-no por um puro acaso. Um ruído na rua atraiu-lhe a atenção e ele afastou um instante a cortina. Alguém, de fora, gritou: "É Wainewright, o falsário!"

A cinco de julho, comparecia perante o tribunal, que o condenou à deportação perpétua.

Foi conduzido a Newgate, à espera de sua partida para as colônias. Em uma de suas primeiras crônicas fantasistas, ele se imaginara "jazendo na prisão e condenado à morte" por não haver podido resistir à tentação de roubar ao *British Museum* os Marco-Antônios que faltavam à sua coleção! A sentença pronunciada contra ele era, afinal, para um homem de sua cultura, uma forma de morte.

Há qualquer coisa de dramático nesse rude castigo, se se pensar que a sua fatal influência sobre a prosa do jornalismo moderno não era o pior de seus crimes!

Durante a permanência na prisão, Dickens, Macready e Hablot Browne aí o encontraram por acaso. Eles percorriam todas as masmorras de Londres, em busca de efeitos artísticos, e em Newgate acharam-se subitamente face a face com Wainewright, que não teve para eles senão um olhar de desconfiança, pelo que diz Forster. E Macready sentiu-se "aterrado, ao reconhecer um dos seus familiares de outrora, à mesa do qual havia jantado".

Outros se mostraram mais curiosos, e durante certo tempo o seu cárcere foi um ponto de passeio aceitável. Muitos homens de letras ali estiveram em visita ao velho camarada. Ele, porém, já não era mais, então, o amável Janus de leve coração, que admirava Charles Lamb. Parecia ter-se tornado inteiramente cínico.

Ao agente de uma companhia de seguros que, ao visitá-lo uma tarde, entendeu escolher a ocasião de dizer-lhe que, afinal, o crime constitui uma má especulação, ele deu esta resposta: "O senhor especula sobre a vida dos seus concidadãos. Algumas das suas especulações têm bom êxito; outras, não. Acontece que as minhas foram malogradas e as suas obtiveram sucesso. Tal é a única diferença, senhor, entre o meu visitante e eu... Há, porém, uma coisa que eu consegui até o fim: tenho sempre mantido a atitude de um *gentleman*. Aqui, cada encarcerado por seu turno limpa a célula. Eu divido a minha com um pedreiro e um limpa-chaminés; nenhum deles, até hoje, me ofereceu a vassoura."

Uma outra vez, como um amigo o exprobasse pelo assassinato de Helena Abercrombie, respondeu, sacudindo os ombros: "Sim... Mas tinha as canelas tão grossas..."

De Newgate, foi enviado às naus de Portsmouth, depois, a bordo do *Suzana*, à terra de Van Diemen,[20] com trezentos outros condenados. A viagem foi-lhe muito desagradável, e em uma carta a um amigo refere-se amargamente à ignomínia de juntarem "o companheiro dos poetas e artistas" aos "trabalhadores do campo". Esta frase não deve surpreender-nos. Na Inglaterra é quase sempre a fome que provoca os crimes. Não havia sem dúvida indivíduo algum a bordo no qual pudesse descobrir um ouvinte, ou mesmo alguém interessante.

Seu gosto pela arte não o abandonou. Em Hobart Town[21] montou um *atelier* e recomeçou a desenhar e a pintar; sua conversação, suas maneiras não perderam, ao que parece, o atrativo. Não abandonava, muito menos, o hábito de envenenador e duas vezes tentou fazer desaparecer pessoas que o haviam ofendido. Mas a habilidade manual diminuía e as duas tentativas abortaram.

Em 1844, muito descontente da sociedade da Tasmânia, pediu, em uma memória apresentada ao diretor do estabelecimento, sir John Eardley Wilmot, que promovesse a sua liberdade. Dizia-se "atormentado por ideias que querem tomar forma, impossibilitado de aumentar o seu saber e privado do exercício útil ou simplesmente decorativo da linguagem". O requerimento foi, entretanto, indeferido. E o amigo de Coleridge consolou-se com esses maravilhosos *Paraísos artificiais*, cujo segredo só é conhecido pelos consumidores de ópio. Em 1852, morreu de uma apoplexia; seu único companheiro era então um gato que ele adorava.

Os crimes produziram grande efeito sobre a sua arte. Deram-lhe uma vigorosa personalidade ao estilo, o que, nas primeiras obras, certamente faltava. Uma nota da *Vida de Dickens*,

---

20. A Tasmânia.
21. Capital da Tasmânia.

por Forster, menciona que, em 1847, lady Blessington[22] recebeu de seu irmão, major Power, da guarnição de Hobart Town, um retrato a óleo de uma moça, executado pelo hábil pincel do literato assassino, o qual, parece, "havia transmitido a expressão de sua própria maldade à imagem de uma bela e virtuosa jovem".

Zola, em uma de suas novelas, descreve-nos um assassino que se dedica à arte; os turvos retratos impressionistas que ele pinta de pessoas respeitáveis assemelham-se sempre à sua vítima. O desenvolvimento do estilo de Mr. Wainewright parece-me muito mais sutil e sugestivo. Uma personalidade intensa pode brotar do pecado.

Essa estranha e fascinante figura, que, por alguns anos, deslumbrou a Londres literária e cujo *début* na vida e nas letras foi tão brilhante, parece-me um interessantíssimo assunto de meditação. Mr. Carew Hazlitt, seu mais recente biógrafo, a cujo precioso livrinho devo muitos fatos referidos nesta memória, pensa que seu amor pela arte e a natureza era apenas um fingimento, uma afetação; outros chegam até a recusar-lhe o mínimo talento literário. Aí está uma opinião superficial e errônea. O fato de ser um homem envenenador nada prova contra a sua prosa! As virtudes domésticas não são a verdadeira base da arte, embora possam instruir utilmente artistas de segunda ordem. É possível que De Quincey tenha exagerado seu talento de crítico e não posso deixar de repetir que muita coisa, nas suas obras publicadas, é familiar, comum, jornalístico, no mau sentido deste vil vocábulo. Aqui e ali, emprega expressões vulgares e sempre perde a modéstia do verdadeiro artista. Por muitas dessas faltas, porém, devemos censurar sobretudo a época e, em todo caso, a falta do mais tênue cunho histórico

22. Preclara dama, cujo salão, assiduamente frequentado pelo conde d'Orsay, Brummel e lorde Beaconsfield, exerceu considerável influência no seu tempo.

em uma prosa que Charles Lamb julgava "excelente!" Que ele tenha tido um sincero pendor pela arte e a natureza, isso parece certo. Nenhuma incompatibilidade existe entre o crime e a cultura intelectual. Não se pode escrever de novo a história para lisonjear o nosso senso moral.

Naturalmente, pertenceu muito à nossa época para que possamos ter sobre ele opiniões puramente artísticas. Como não sentir uma forte prevenção contra alguém que houvesse podido envenenar lorde Tennyson,[23] Mr. Gladstone ou o Mestre de Balliol? Se esse alguém, no entanto, usasse um traje e falasse uma linguagem diferente da nossa; se houvesse vivido na Roma Imperial, ou sob a Renascença italiana, ou na Espanha do século XVII, ou em qualquer país ou qualquer século, salvos os nossos, poderíamos estimá-lo imparcialmente e pelo seu legítimo valor. Sei que muitos historiadores julgam necessário aplicar julgamentos morais à história e distribuir sua censura ou louvor com a solene satisfação de um mestre-escola próspero. Esse hábito imbecil mostra que o instinto moral pode atingir a uma perfeição tal, que apareça em toda parte onde nada tenha que fazer. Quem quer que compreenda deveras a história jamais pensará em vituperar Nero, em censurar Tibério ou rosnar contra César Bórgia. Esses personagens tornaram-se como bonecos de uma peça. Enchem-nos de terror, de horror ou admiração, mas já não poderiam ser nocivos.

Não estão em relação imediata conosco. Nada tememos da parte deles. Pertencem à arte e à ciência, que não sabem nem aprovar, nem desaprovar. Um dia dar-se-á o mesmo com o amigo de Mr. Charles Lamb. Presentemente, ainda é muito moderno para que possa ser tratado com esse fino espírito, essa calma curiosidade, que nos valeram tão belos estudos sobre

---

23. Lorde Tennyson (1809-1892), ilustre e grande poeta inglês.

os grandes criminosos da Renascença italiana, assinados por Mr. John Addington Symonds,[24] Miss Mary Robínson,[25] Miss Vernon Lee[26] e outros distintos escritores. A arte, entretanto, não o esqueceu. Ele é o herói de *Hunted Down* de Dickens, o Varney da *Lucretia* de Bulwer,[27] e é agradável notar que a ficção rendeu homenagem a alguém que era tão poderoso com "a pena, o lápis e o veneno".

O que inspira a ficção é mais do que um simples fato.

---

24. J.A. Symonds (1840-1893), poeta e prosador de primeira ordem. Autor da *Vida de Miguel Angelo* e da *Vida de Benvenuto Cellini.*
25. Miss Robinson (1857-1944). Autora da *Vida de Froissart.* Desposou um conhecido professor da Sorbonne, de Paris.
26. Miss Vernon Lee (1856-1935). Autora de pungentes narrativas que se desenrolam, na sua maior parte, em Florença, onde ela habita.
27. Bulwer (1803-1873), célebre escritor, ao qual o mundo antigo forneceu os mais curiosos assuntos, principalmente para as suas obras *Os últimos dias de Pompeia* e *Brutus.*

A CRÍTICA E A ARTE

COM ALGUMAS NOTAS SOBRE A IMPORTÂNCIA DE NADA FAZER

DIÁLOGO

Primeira Parte

Personagens: GILBERTO e ERNESTO.

Cenário: A biblioteca de uma casa de Piccadilly, dando sobre Green Park.

GILBERTO, *ao piano*. — Meu caro Ernesto, de que estás rindo?

ERNESTO, *volvendo os olhos*. — De uma história engraçadíssima. Encontrei-a neste volume de memórias, que estava na tua mesa.

GILBERTO. — Que livro? Ah! Já vejo. Ainda não o li. É bom?

ERNESTO. — Enquanto tocavas, passava eu por ele os olhos, aliás com certo prazer, se bem que, em geral, não me agradem esses livros de recordações. Geralmente, são escritos por pessoas desmemoriadas de todo, ou que nada de notável fizeram, digno de ser rememorado. Todavia, é o que explica o seu êxito: o público inglês sente-se sempre à vontade, quando trata com uma mediocridade.

GILBERTO. — Sim, o público é prodigiosamente intolerante: tudo perdoa, menos o gênio. Confesso, porém, que me agradam todas as "memórias", quer no que diz respeito à forma, quer quanto à essência. Em literatura, o Egotismo puro é delicioso; é ele que nos fascina na correspondência de personalidades tão diferentes como Cícero e Balzac, Flaubert e Berlioz, Byron e madame de Sevigné. Quando o encontramos, o que raramente acontece, acolhemo-lo com prazer e dele não nos esquecemos mais. A Humanidade será sempre sobremaneira grata a Rousseau porque se confessou, não a um padre, mas ao próprio Universo. As ninfas reclinadas que Cellini esculpiu em bronze para o castelo do rei de França, ou o Perseu verde e ouro que, na *Loggia* de Florença, mostra à Lua o extinto terror que transformou a sua vida em pedra, não nos produzem prazer maior que aquela autobiografia, em que o supremo cavaleiro andante do Renascimento nos conta o seu esplendor e a sua vergonha. As opiniões, o caráter, a obra do homem pouco importam; seja ele cético, como o gentil senhor de Montaigne, ou santo, como o rude filho de Mônica,[1] ao revelar-nos seus íntimos segredos força-nos sempre a ter abertos os ouvidos e fechados os lábios. O modo de pensar evidenciado pelo cardeal Newman[2] — se é possível chamar-se "modo de pensar" aquilo que consiste em resolver os problemas intelectuais negando a supremacia da inteligência — não pode e não deve sobreviver. Jamais o universo, porém, fatigar-se-á em acompanhar, através das suas "memórias", em marcha tenebrosa, esse espírito conturbado. A igreja solitária de Littlemore, "onde são úmidas as brisas da manhã e onde escasseiam os fiéis", agradar-lhe-á sempre; todas

---

1. Isto é, Santo Agostinho.
2. Cardeal católico inglês (1801-1890), protestante a princípio. Sua conversão e as polêmicas que ela levantou são famosas. O livro a que Wilde faz alusão intitula-se: *History of My Religious Opinions*.

as vezes que a amendoeira reflorir sobre o muro da Trindade,[3] forçoso será rememorar esse gracioso estudante que via, na volta periódica dessa florescência, a profecia de que ele sempre ficaria junto à Benigna Mãe[4] de seus dias. A Fé, ponderada, ou a falta de razão, tolerou que tal profecia não fosse cumprida. Sim, a autobiografia é irresistível. O imbecil secretário Pepys[5] varou a imortalidade pela via da tagarelice! Persuadido de que a indiscrição é o que mais vale, agita-se entre os outros enfiado nessa "roupa de púrpura peluda, com botões de ouro e rendas", que tanto gosta de descrever; paira para gáudio seu e nosso sobre a saia de azul-indiano que adquiriu para sua esposa, sobre a "boa fressura de porco" e o "saboroso guisado francês de vitela", que adora, sobre as partidas de bola com Will Joyce, a respeito das suas "assiduidades junto às belas", das recitações de Hamleto, aos domingos, dos trechos de viola, durante a semana, e outras trivialidades. Na própria vida habitual, o egotismo tem seus encantos. Quando as pessoas nos falam das outras, são ordinariamente estúpidas, mas tornam-se quase sempre interessantes quanto tratam de si mesmas; e se possível fosse fechá-las, como se fecha um livro, quando se tornam aborrecidas, seriam absolutamente perfeitas.

ERNESTO. — Muita virtude há nesse *se*, como dizia Touchstone. Mas, você entende, seriamente, que cada um seja seu

---

3. Trinity College.
4. Mais tarde renunciou à direção da igreja de Santa Maria, em Oxford.
5. Pepys (1633-1703), secretário da Marinha e, finalmente, almirante no reinado de Carlos II. Registrando todas as noites os fatos do dia, sem omitir mesmo os mais ínfimos detalhes, deixou um quadro interessante da vida íntima de seu tempo. Esse Saint-Simon barato registrava também suas façanhas de conquistador "junto às belas". Will Joyce foi um de seus amigos. Suas outras obras são despidas de interesse. Redigiu as memórias em uma espécie de estenografia, cuja chave foi encontrada, há poucos anos, por um aluno do Lyceu.

próprio Boswell? Que seria então dos nossos industriosos compiladores de Vidas e Memórias?

GILBERTO. — Em que se transformaram eles? São a peste da época, nem mais, nem menos. Todo grande homem tem hoje seus discípulos e é sempre Judas quem lhe escreve a biografia.

ERNESTO. — Meu velho…

GILBERTO. — Receio estar com a razão! Outrora, os heróis eram canonizados. Hoje se trata de vulgarizá-los. Edições baratas de grandes livros podem ser encantadoras, mas edições baratas dos grandes homens são detestáveis.

ERNESTO. — A quem alude você?

GILBERTO. — Oh! A todos os nossos literatos de segunda ordem. Estamos inçados de uma caterva de tipos que, ao saberem da morte de um poeta ou de um pintor, chegam à casa dele ao mesmo tempo que o encarregado do enterro, e esquecem que lhes cumpria ficarem mudos. Deixemo-los, porém, de parte. São os corvos da literatura. O pó pertence a um, as cinzas a outro, porém, o espírito, este fica-lhes fora do alcance. E que quer você agora que eu toque, Chopin ou Dvořák? Quer ouvir uma fantasia de Dvořák? Dvořák compõe algumas coisas passionais e estranhas.

ERNESTO. — Não. A música, neste momento, não me pode agradar. É por demais indefinida. Além disto, outro dia, ao jantar, a baronesa Bernstein, que, a outros respeitos, é encantadora, insistiu em falar de música, como se música fosse assunto meramente alemão. Posso afirmar, felizmente, que a música em nada se assemelha ao alemão, embora esteja sujeita a todas as comparações. Na verdade, existem muitas formas degradantes de patriotismo. Não, Gilberto, não toques mais. Fala antes. Fala até que os primeiros raios da alva madrugada invadam o quarto. A tua voz tem algo de maravilhoso.

GILBERTO, *erguendo-se do piano.* — Não me sinto com disposições de conversar… Como o sorriso te vai mal!… É exato o que afirmo!... Onde estão os cigarros? Obrigado... Como são deliciosos estes narcisos. Parecem de âmbar e marfim novo. Dir-se-iam autênticos objetos gregos antigos.

Qual era, nas confissões do mísero acadêmico, a história que te despertou o riso? Depois de haver tocado Chopin, parece-me que acabei de chorar pecados nunca cometidos e que tragédias, que não me dizem respeito, me mergulharam na desolação. A música produz-me sempre este efeito. Ela cria-nos um passado que não conhecíamos e revela-nos o sentimento de pesares ocultos, até então, às nossas lágrimas. Imagino um homem que, tendo vivido sempre a mais banal das existências, descobre, ao ouvir casualmente um intenso trecho musical, que a sua alma atravessou terríveis provações, alegrias estonteantes, amores selvagens e vastos sacrifícios ignorados até então!

Vamos, Ernesto, conta-me a história. Quero divertir-me.

ERNESTO. — Ora, é coisa sem importância. Mas vejo nela um admirável exemplo do quanto vale ordinariamente a crítica artística... É o caso que certa senhora perguntou um dia, gravemente, ao mísero acadêmico, como você o chama, se o seu célebre quadro *Dia de primavera em Whiteley*[6] ou *Esperando o último ônibus*, ou qualquer outro neste gênero, era inteiramente pintado à mão.

GILBERTO. — E seria mesmo?

ERNESTO. — Você é incorrigível... Mas, falando sério, qual é a vantagem da crítica? Por que não se há de deixar o artista criar, solitário, tranquilo, um mundo novo, ou representar este, que nós já conhecemos e de que estaríamos mais que enojados, se a Arte, com o seu belo espírito de seleção, de discernimento, não o purificasse e não lhe desse uma momentânea perfeição?

---

6. Grande loja para pessoas pouco abastadas.

Parece-me que a imaginação amplia ou, pelo menos, devia dilatar em torno de si a solidão, porquanto muito melhor produz no silêncio e no recolhimento. Por que há de ser o artista turbado pelo estridente clamor da crítica? Por que hão de arvorar-se em juízes daqueles que criam alguma coisa os incapazes de uma criação? Que autoridade têm eles para isso?... Se a obra do artista é clara, que necessidade tem ela de uma explicação?...

GILBERTO. — E, se a obra é incompreensível, qualquer explicação é prejudicial.

ERNESTO. — Eu não disse tal coisa.

GILBERTO. — Pois devia tê-lo dito! Hoje, subsistem tão poucos mistérios que não nos é permitido nos separarmos de um deles. Os membros da *Browning Society*,[7] os teólogos do *Broad Church Party* ou os autores da *Great Writers' Series* de Walter Scott parecem ter por única preocupação o desaparecimento de suas divindades. Poder-se-ia acreditar Browning um místico, porém eles esforçam-se por demonstrar que ele é simplesmente inarticulado. Quando se imagina haver alguma coisa a ocultar, provam que muito pouco há a revelar. Mas não me refiro senão à sua obra incoerente. Todavia, esse homem foi grande. Não podia ser incluído entre os Olímpicos e era imperfeito como um Titã. Não tinha a era de conjunto e raramente visão sublime. A violência, a luta, o esforço estragam-lhe a obra, e ele passava não da emoção à forma, porém do pensamento ao caos. E, no entanto, foi grande. Chamaram-no pensador, e pensando em voz alta.

Mas aquilo que imprime ao Pensamento o seu impulso seduzia-o mais que o próprio Pensamento. O que lhe agradava era a máquina, e não o trabalho que ela produz. O método que impele o tolo à sua patetice era-lhe tão aprazível como a mais

---

7. Sociedade cujo fim era aprofundar e propagar as obras de Browning (v. nota 11, p. 72), fundada ainda em vida do poeta.

requintada prova da agudeza do atilado. O sutil mecanismo do Pensamento o absorvia tanto, que ele descurava a linguagem ou pelo menos a considerava como um incompleto instrumento de expressão. A rima, esse adorável eco, que nas quebradas da Musa, além da própria voz, cria também a sua repercussão; a rima que, nas mãos de um verdadeiro artista, é não somente um elemento material da beleza métrica, mas também um motivo espiritual de pensamento e de paixão, pois que desperta novos horizontes intelectuais, ergue as ideias e, por sua doçura e sua sugestão, abre os batentes de ouro nos quais em vão já havia batido a própria Imaginação; a rima, que transforma em linguagem dos deuses a eloquência humana; a rima, a única corda que acrescentamos à lira dos Gregos — torna-se nas mãos de Roberto Browning alguma coisa de misérrima e grotesca, o que o levou vezes muitas, em poesia, a disfarçar-se como um truão e a cavalgar Pégaso, fazendo momices com a língua. Ocasiões há em que a sua monstruosa música nos irrita. E se não obtém a harmonia senão despedaçando as cordas de seu alaúde, arrebenta-as com enorme desafinação e não há *tettix*[8] ateniense que possa, com suas sussurrantes asas, colocando-se sobre a lira, atenuar-lhe a cadência ou a pausa. Entretanto, tinha valor e, posto que houvesse transmutado a boa linguagem em lama pútrida, modelou com ela tipos imortais. Ele é, depois de Shakespeare, a mais shakespeariana criatura... Se Shakespeare entoava cânticos com miríades de lábios, Browning balbuciava com milhares de bocas. Ainda agora, neste momento em que falo, não contra ele, mas a seu favor, o cortejo de seus personagens desfila neste aposento. Eis que surge frei Lippo Lippi com as faces enrubescidas pelos ósculos ardentes de alguma rapariga. Ali está, ereto, terrível — Saul, em cujo turbante senhoril

---

8. No grego, *cigarra*.

brilham safiras. Mildred Tresham ali vem, e o monge espanhol, lívido de cólera, e Blougram e Ben Ezra e o bispo de S. Praxedes. O monstrengo de Setebos[9] uiva a um canto e Sebald, sentindo Pippa passar a seu lado, encara a face espantada de Ottima, e a desdenha, a ela, ao seu pecado e a si mesmo. Pálido como o alvo cetim de seu gibão, o rei melancólico observa com olhos pensativos e pérfidos o lealíssimo Strafford, que marcha para onde o impele o destino. Andrea treme ao ouvir o assobio de seu primo no jardim e ordena à sua digna esposa que desça... Sim, Browning era grande. Mas que juízo fará dele a posteridade? Julgá-lo-á como poeta? Certamente não! Mas como narrador de ficções, talvez como o maior escritor desse gênero que tenhamos tido, pois o seu sentimento da situação dramática não tem rival. Se não lhe era possível resolver os problemas que ele próprio arquitetava, que importa, e que mais precisa fazer que isso um artista? Como criador de caracteres, quase pode equiparar-se ao autor de Hamleto. Com mais método estariam ambos no mesmo plano. O único que pode tocar a fímbria de suas vestes é George Meredith. Esse é um Browning na prosa — como de resto prosador era o próprio Browning.[10] Esse serviu-se da poesia como um meio para escrever em prosa.

ERNESTO. — Há alguns pontos de verdade no que dizes, mas em outros és injusto.

GILBERTO. — É muito difícil ser justo para aquilo de que se gosta. Mas tornemos à questão. Que dizia você?

ERNESTO. — Tão somente isto: que nos melhores tempos da arte não havia crítica de arte.

GILBERTO. — Parece-me já ter ouvido essa opinião, Ernesto! É fundamentalmente errônea e fastidiosa como um amigo velho.

---

9. Isto é, Caliban.

10. *"Meredith is a prose Browning; and so is Browning."* Locução difícil de traduzir literalmente.

ERNESTO. — Mas é razoável. É inútil abanar a cabeça desse modo petulante; ela é razoável. Nos melhores tempos da Arte não havia crítica de arte. O escultor arrancava do bloco de mármore os membros alvinitentes do grande Hermes que nele dormitava. Os modeladores e douradores de imagens davam o tom e a contextura à estátua, que, ao surgir, era pelo universo mudamente adorada. Faziam vazar o bronze em fusão no molde de terra, e a lava incandescente resfriava-se em nobres curvas e tomava os contornos do corpo de um deus. Com esmalte ou pedras finas davam às órbitas vazias a vida do olhar. O buril fazia ondular os cabelos de jacinto. E quando em algum sombrio templo pintado a fresco, onde, sob um pórtico luminoso e sustentado por colunatas, o filho de Leto mantinha-se em seu pedestal, aqueles que por ali passavam — διὰ λαμπροτάτου βαίνοντες ἁβρῶς αἰθέρος — compreendiam que uma nova influência havia sobrevindo na vida e com uma estranha e palpitante alegria tornavam à casa ou seguiam para o trabalho quotidiano, ou, então, pelas portas da cidade, dirigiam-se a essa planície frequentada pelas ninfas, na qual o jovem Fedro ensaiava os passos; e ali, deitados sobre a relva macia, contemplando as imensas perspectivas murmurantes de brisa e floridas de *agnus castus*, despertavam para as maravilhas do belo e emudeciam sob um inexplicável temor. Nesses tempos o artista era livre. Apanhava no leito do rio um pouco de terra plástica e, com o auxílio de um instrumento de ouro ou de madeira, dava-lhe formas tão admiráveis que ela ia servir de brinco aos mortos; e dessas figurinhas nós encontramos ainda em túmulos poeirentos, nas encostas amarelecidas de Tânagra, conservando ainda um pouco de ouro e de carmim desbotado nos lábios, nos cabelos, nas vestes. Em um muro emboçado de fresco, caiado com cores avermelhadas ou com uma mistura de leite e de açafrão, representava alguém marchando a passos tardos sobre os campos de asfódelos purpúreos raiados de branco, "alguém cujo olhar encerra toda a guerra de Troia". Polyxena, a filha de Príamo, ou então Ulisses, sutil e velhaco, amarrado ao mastro a fim de ouvir sem risco o canto das sereias, ou percorrendo o Aqueronte no qual espectros de peixes se debatem nas águas límpidas; ou ainda mostrando os persas, revestidos de saios e mitras, fugindo dos gregos em Maratona, e as galeras chocando-se com as proas de bronze na estreita baía de Salamina. Gravava com um ponteiro de prata e desenhava com carvão o pergaminho e o cedro adrede preparados. Com cera pintava a terra cota e o marfim, com cera tornada fluida com suco de azeitonas e endurecida com ferros quentes. A tela, a pedra, o linho transformavam-se em maravilhas ao contato de seu pincel: e a vida, ao contemplar sua própria imagem, imobilizava-se e emudecia… A vida inteira, aliás, pertencia-lhes, desde os vendilhões dos mercados aos camponeses reclinados sobre seus mantos nas encostas das colinas; desde a ninfa oculta entre os loureiros e do fauno tocador de flauta até ao rei, que escravos conduzem sobre seus ombros reluzentes de óleo, em um palanquim ornado de cortinas verdes, e que é abanado por ventarolas feitas de plumas de pavão. Homens e mulheres com rostos alegres ou tristes desfilavam ante ele, que os analisava e se assenhoreava de seus segredos. Com a forma e a cor, ele edificava um novo mundo.

Propriedade dele eram também todas as artes sutis. Sobre o giratório disco aplicava as pedras finas: a ametista transformava-se no leito purpúreo de Adônis, e na sardônica estriada divisava-se a alígera Ártemis e sua matilha. Em rosas, que ele unia, trabalhava o ouro e transformava-o em colares e braceletes, ou em guirlandas para o elmo do conquistador, em palmas para as vestes Tírias, em máscara para o real defunto. Nas costas do argênteo espelho gravava Tétis conduzida pelas nereidas ou Fedra, enferma de amor, com sua ama, ou Perséfone, lânguida de recordações, enfeitando os cabelos com papoulas. Na sua cabana assentava-se o oleiro; e da roda silenciosa e de suas mãos nascia o vaso, qual uma flor. Decorava-lhe a base, o bojo e as asas com folhas delicadas de oliveira ou de acanto, ou com uma ligeira curva recortada. Depois pintava efebos, vermelhos e pretos, em atitude de quem corre; cavaleiros armados com exóticos escudos heráldicos e elmos estranhos conduzindo carros em forma de conchas ou cavalgando ginetes empinados; deuses tomando parte em festins ou realizando prodígios; heróis vitoriosos ou abatidos pela dor. Às vezes retraçava, com tênues riscos de vermelhão em fundo branco, o esposo lânguido com sua esposa e Eros volitando em torno deles — um Eros semelhante aos anjos do Donatello, um infante sorrindo, alado, de ouro ou azul. Na curva traçava o nome do amigo. *ΚΑΔΟΣ ΑΛΚΙΒΙΑΔΗΣ*[11] ou *ΚΑΔΟΣ ΧΑΡΜΙΔΗΣ*,[12] diz-nos a história. Nos bordos da larga ânfora desenhava o cervo pascendo ou o leão em repouso, segundo o seu capricho. Do mimoso frasquinho de perfumes, Afrodite vestindo-se ria-lhe e, com seu cortejo de Mênades nuas, Dionísio dançava em torno da jarra para vinho, com os pés cobertos de poeira, enquanto, tal um sátiro, o velho Sileno rebolcava-se sobre odres prenhes ou agitava essa mágica lança enlaçada de pâmpano sombrio e rematada por uma pinha esculpida.

E ninguém perturbava o trabalho do artista. Garrulice alguma o incomodava. Conselhos não o aborreciam. Junto a Ilissus, diz Arnold,[13] não havia Higginbotham. Junto a Ilissus, meu caro Gilberto, não havia tolos congressos artísticos, levando provincialismo às províncias e ensinando os medíocres a berrar! Junto a Ilissus não havia revistas de arte, onde

---

11. "ΚΑΔΟΣ" Alcibíades.
12. "ΚΑΔΟΣ" Cármides.
13. Matthew Arnold (1822-1888), poeta e crítico, professor de poética em Oxford.

industriosos discutem aquilo que não entendem. Nas margens dessa ribeira não se pavoneavam jornalistas ridículos que se apoderam das cadeiras judiciárias quando deviam ocupar o banco dos réus e confessar os próprios delitos. Os gregos não tinham crítica de arte!

GILBERTO. — Ernesto, você está delicioso, porém as suas opiniões são terrivelmente más. Receio que você tenha escutado a conversa de pessoas mais velhas, o que é sempre perigoso, e que, se se tornar habitual, há de ser fatal ao seu desenvolvimento intelectual. Quanto ao jornalismo moderno, não me compete defendê-lo. O grande princípio de Darwin da sobrevivência dos mais vulgares justifica a existência dele. Não me preocupo senão de literatura.

ERNESTO. — Mas que diferença há entre jornalismo e literatura?

GILBERTO. — O jornalismo é ilegível, e a literatura não é lida... Mas quanto à sua afirmação de que os gregos não possuíam crítica de arte, eu a tomo por absurda. Seria mais razoável dizer que os gregos constituíam uma nação de críticos de arte.

ERNESTO. — Deveras?

GILBERTO. — Sim, uma nação de críticos de arte! Não desejo todavia destruir o seu quadro, tão deliciosamente inexato, das relações entre o artista heleno e a intelectualidade da sua época: descrever com precisão o que jamais se realizou é não somente a ocupação dos historiadores, mas também o inalienável privilégio das pessoas de espírito e cultas. Ainda menos desejo falar com sapiência: a conversação erudita constitui privilégio dos pedantes e dos pobres de espírito. Quanto ao que se chama "conversa", é o método estúpido com o qual filantropos, mais estúpidos ainda, procuram desarmar o justo rancor das classes criminosas... Não, deixa-me tocar qualquer coisa disparatada e rubra de Dvořák. As esmaecidas figuras das tapeçarias nos sorriem, e o sono pesa sobre as pálpebras do meu Narciso de bronze... Não discutamos coisa alguma seriamente! Bem sei que no nosso século somente são tomados a sério os imbecis e vivo sob o terror de não ser compreendido. Não me rebaixe a ponto de me fazer dar conselhos úteis. A educação é uma coisa admirável, mas é bom lembrar às vezes que nada daquilo que vale a pena ser conhecido é ensinado... Através da fenda das cortinas vejo a Lua semelhante a uma moeda já gasta. Em torno dela as estrelas enxameiam como abelhas de ouro. O céu é uma compacta safira côncava. Vamos lá para fora. O pensamento é maravilhoso, porém a aventura é ainda maior maravilha. Quem sabe se não encontraremos o príncipe Florizel da Boêmia e se não ouviremos a bela Cubana dizer-nos que não é o que parece.[14]

ERNESTO. — Você é terrivelmente despótico. Insisto em discutirmos essa questão. Segundo você os gregos eram uma nação de críticos de arte. Que críticas de arte nos legaram eles?

GILBERTO. — Meu caro Ernesto, mesmo que não nos houvessem transmitido nem um fragmento sequer de crítica artística, nem por isso seria menos verdade que os gregos eram uma nação de críticos de arte — e que inventaram essa crítica, como de resto criaram todas as outras coisas. Em primeiro lugar, o que devemos aos gregos? O espírito crítico! E esse espírito que eles exerciam sobre as questões religiosas, científicas, metafísicas, políticas, de educação e de estética, eles o exerceram também sobre questões de arte — e sem dúvida alguma deixaram-nos sobre as duas mais altas artes o mais perfeito sistema de crítica que o mundo jamais conheceu.

ERNESTO. — Quais são essas artes?

GILBERTO. — A Vida e a Literatura. A Vida e a perfeita expressão da Vida. Os princípios sobre a vida, tais como nos

---

14. Personagens das *Novas noites árabes* de R.L. Stevenson.

legaram os gregos, não os podemos aplicar em uma época tão conturbada pelos falsos ideais. Os princípios que tinham sobre Arte são às vezes tão sutis que dificilmente chegamos a compreendê-los. Reconhecendo que a Arte mais completa é aquela que representa o homem na plenitude da sua infinita variedade, eles elaboraram a crítica da linguagem considerada sob o seu aspecto puramente material, e a levaram a um ponto tal que, com o nosso sistema de acento enfaticamente raciocinante ou emocional, dificilmente poderíamos atingir. Eles estudavam, por exemplo, os movimentos métricos da prosa tão cientificamente como um músico moderno estuda a harmonia e o contraponto, e, não é preciso dizê-lo, com um instinto estético muito mais acentuado. E, como sempre, eles tinham razão. Depois da descoberta da imprensa e do fatal desenvolvimento do hábito de ler entre as classes médias e baixas, há uma tendência em literatura em se falar mais aos olhos que aos ouvidos; a esse último sentido, no entanto, é que a arte literária deveria esforçar-se por satisfazer e jamais deveria afastar-se das suas *leis*. A obra de Pater, melhor mestre da prosa inglesa atual, assemelha-se muitas vezes mais a um mosaico que a um trecho musical; aqui e ali parece faltar-lhe às vezes o verdadeiro ritmo das palavras, a bela liberdade e a riqueza de efeitos que uma tal vida rítmica produz. Fizemos da arte de escrever um modo infinito de composição e tratamo-la como uma forma de desenho rebuscado. Os gregos a consideravam simplesmente como um recurso narrativo. A palavra *falada* em suas relações musicais e métricas era o que eles levavam em conta. A voz constituía o instrumento e o ouvido julgava. Parece-me, às vezes, que a história da cegueira de Homero bem podia ter sido um mito artisticamente criado em tempo pela crítica para nos fazer lembrar não somente que um grande poeta é sempre um vidente que percebe as coisas, menos com os olhos do corpo do que com os da alma, mas também um verdadeiro cantor que compõe seu poema com o auxílio da música, repete-o muitas vezes até apanhar-lhe o segredo melódico — um cantor que lança na obscuridade palavras luminosas. Como quer que seja, foi a cegueira o motivo e talvez a causa do sonoro esplendor, do majestoso movimento dos últimos versos do grande poeta inglês. Quando Milton ficou impossibilitado de escrever é que iniciou o seu cantar. Quem ousaria comparar *Comus* com *Sansão agonista* ou com o *Paraíso perdido*? Quando Milton cegou compôs, como aliás deviam fazer todos, com a voz; desse modo, o pipilar ou o gorjear dos primeiros tempos transformou-se nas sonoridades desse possante órgão de múltiplos registros, cuja música rica e ampla tem toda majestade da de Homero, da qual tenha talvez mesmo a própria sonoridade; constitui a única herança imperecível da literatura inglesa; atravessa os séculos dominando-os e durará tanto como eles porque sua forma é imortal...

Sim, escrever tem feito grande mal aos escritores. É preciso tornar à palavra falada. Ela nos deve servir de guia; assim ficaremos talvez em condições de apreciar as finuras da crítica artística grega.

Não nos é isto possível hoje. Às vezes, depois de haver escrito um trecho de prosa, que, modéstia à parte, considero como impecável, sobrevém-me um pensamento horrível: fui talvez demasiado afeminado, assaz imoral, talvez por haver empregado movimentos trocaicos e tríbracos, crime pelo qual um sábio crítico censura com carregada severidade o brilhante, embora paradoxal, Hegésias. Corre-me um frio quando penso nisso e pergunto a mim mesmo se o admirável resultado moral da prosa desse encantador escritor — o qual, num dia de descuidada generosidade pela parte inculta da nossa nação, proclamou a monstruosa doutrina de que a ação deve constituir os três quartos da vida — não será aniquilado um dia pela descoberta de que os dáctilos foram mal distribuídos!

ERNESTO. — Ah! Você não é sério!

GILBERTO. — Quem não o deixaria de ser quando se afirma a sério que os gregos não possuíam críticos de arte? Admito que se diga que o gênio edificador dos gregos perdeu-se na crítica. Mas não concordo com a afirmação de que a raça à qual devemos o espírito crítico não tenha feito crítica! Você não exigirá decerto que eu exponha toda a crítica de arte grega de Platão a Plotino. A noite está muito encantadora para isso, e, se a Lua nos ouvisse, velaria a face. Relembremos simplesmente uma perfeita obrinha de crítica estética, o *Tratado de poesia* de Aristóteles. É mal escrito; consiste talvez em notas tomadas para uma conferência sobre arte ou fragmentos isolados destinados a algum livro de mais importância. Não é a sua forma que é perfeita, porém a sua concepção geral. O efeito moral da arte, a sua importância na educação e o desenvolvimento do caráter haviam sido expostos já e de uma maneira definitiva por Platão, mas aqui a arte é considerada debaixo do ponto de vista não já moral, porém puramente estético. Não resta dúvida de que Platão cogitou de muitos assuntos francamente artísticos, tais como a importância da unidade em uma obra de arte, a necessidade do acordo, da harmonia, o valor estético das aparências, as relações entre as artes visíveis e o mundo externo e entre a ficção e a realidade. Foi talvez ele o primeiro a agitar na alma do homem o desejo, que não conseguimos satisfazer ainda, de conhecer as relações que existem entre a Verdade e a Beleza e o lugar dessa na ordem moral e intelectual do Cosmos. Os problemas do Idealismo e do realismo que ele coloca na esfera metafísica da existência abstrata podem parecer um tanto desprovidos de resultado; mas transportai-os para a esfera da arte e achareis que eles ainda se acham vivos e ricos de pensamento. É provável que como crítico da Beleza é que Platão sobreviva, e que mudando o nome do gênero da sua teoria façamos a descoberta de uma nova filosofia. Porém

Aristóteles, e do mesmo modo Goethe, ocupa-se, discorrendo sobre arte, a princípio, das suas manifestações concretas; toma, por exemplo, a tragédia e examina a matéria da sua contextura, isto é, a linguagem; o assunto geral dela, a vida; seu método, que é a ação; as condições em que se revela, que são as representações teatrais; a sua estrutura lógica, que é a intriga; e a sua razão estética final que é, através da piedade e do terror, o sentimento da beleza. Essa purificação, essa espiritualização da natureza, que ele chama χαθαρσις,[15] é, como o notou Goethe, essencialmente estética e não moral, como acreditava Lessing. Aristóteles analisa a impressão que produz a obra de arte; procura a fonte e verifica como ela nasce. Psicólogo e fisiólogo, sabe que a saúde de uma função reside na energia dela. Ter disposições para uma paixão, não desenvolvê-la em si, é resignar-se a ser incompleto, acanhado. O espetáculo representativo da vida que a tragédia acarreta purifica o coração da "perigosa mixórdia"; apresentando ao jogo das emoções elevados e nobres assuntos, dignifica e espiritualiza o homem; e não o espiritualiza somente, porém *inicia-o* em sentimentos nobres que poderiam ficar sempre ignorados; a palavra χαθαρσις faz, pareceu-me muitas vezes, alusão ao rito da *iniciação*; talvez seja mesmo esta a sua verdadeira e única significação.

Isto que aí fica não é, bem entendido, senão um apanhado do livro. Mas veja que bela crítica de arte constitui! Quem na verdade, a não ser um grego, poderia analisá-la tão bem! Depois que se o lê, não há que admirar mais o fato de Alexandria entregar-se tão largamente à crítica de arte e que os espíritos cultos da época hajam examinado todas as questões do estilo e da forma e discutido tanto as grandes escolas acadêmicas de pintura tais como as de Sicione, que se esforçava por manter as

15. Catarse.

dignas tradições da moda antiga, ou sobre as escolas realistas e impressionistas, que intentavam reproduzir a vida real, sobre os princípios do idealismo em pintura, ou sobre o valor da forma épica em uma época como a deles, ou ainda sobre os assuntos que podem convir ao artista. E receio mesmo que os temperamentos menos artísticos do tempo tenham-se também ocupado de literatura e de arte, pois as acusações de plágio eram infinitas; e tais acusações provinham quer dos delgados lábios lívidos da impotência ou das grotescas fauces dos que, nada possuindo, imaginam passar como ricos gritando que foram roubados.[16] E asseguro a você, meu caro Ernesto, que os gregos tagarelavam sobre os pintores tanto como se faz hoje, que tinham suas exposições particulares com entradas pagas, suas corporações de Artes e Ofícios e os seus movimentos pré-rafaelitas e realistas, que faziam conferências e escreviam crônicas sobre arte e que possuíam seus historiadores, arqueólogos e... o resto. Melhor ainda! Os diretores de teatros levavam em excursão consigo os críticos de arte dramática e pagavam-lhes bem a fim de que eles redigissem notícias elogiosas! Tudo que há de moderno em nossa vida devemos aos gregos, e tudo o que é anacrônico, à Idade Média. Foram os gregos que nos legaram todo nosso sistema de crítica de arte; e podemos apreciar a delicadeza dos instintos deles, considerando que a arte que eles criticavam com o maior cuidado era a linguagem.

Efetivamente, comparada com as palavras, a matéria que os pintores e os escultores possuem é pobre! As palavras têm não somente uma música tão melodiosa como a viola e o alaúde, cores tão ricas e vivas como as que nos tornam tão adoráveis as telas dos venezianos ou dos espanhóis, uma plástica tão

---

16. Invejosos pretextaram algumas semelhanças de ritmo e de pensamento com Shelley para apregoarem um plágio desde que apareceram os primeiros poemas de Oscar Wilde, que se ressentiu vivamente disto.

admirável como a que se revela no bronze ou no mármore, mas têm também — e elas somente o possuem! — o pensamento, a paixão, a espiritualidade. Não houvessem os gregos criticado mais que a linguagem e ainda assim seriam os maiores críticos de arte do mundo; conhecer os princípios mais elevados da arte é conhecer os princípios de todas as artes...

Noto, porém, que a Lua se oculta por trás de uma nuvem caliginosa. Envolta em uma basta juba ondeante, brilha com o olhar de um leão. Receia que eu fale a você de Luciano, de Longino, Quintiliano, Dionísio, Plínio, e de Frontão, e de Pausânias, e de todos aqueles que no mundo antigo discorreram ou discretearam sobre a arte. Não se arreceie ela, porém! Estou fatigado com essa minha excursão, pelo sombrio e falaz abismo dos fatos. Para mim nada mais resta doravante senão a divina μονόχρονο ἡδονή[17] de um outro cigarro. Os cigarros ao menos possuem o dom de não saciarem.

ERNESTO. — Experimente um dos meus, que são bem regulares. Recebo-os diretamente do Cairo... A utilidade única dos nossos adidos de legação é a de fornecerem excelente tabaco aos amigos... E, pois que a Lua se ocultou, conversemos um pouco. Estou pronto a admitir como inexato tudo o que afirmei sobre os gregos. Foram, como você o provou, uma nação de críticos. Reconheço-o e tenho por isso pena deles, porquanto a faculdade criadora é mais elevada que a faculdade da crítica. Não há certamente comparação alguma.

GILBERTO. — A antítese entre elas é absolutamente arbitrária. Sem o espírito crítico não há criação artística alguma digna desse nome. Você falava há pouco desse fino espírito de seleção, desse delicado instinto de escolha com que o artista cria a vida para nós e dá-lhe uma momentânea perfeição. Pois

17. Efêmera volúpia.

bem, esse espírito de escolha, esse sutil tato de omissão não é mais do que a faculdade de crítica sob um dos seus aspectos mais característicos, e aquele que não a possui nada pode criar em arte. Arnold dizia que a literatura é uma crítica da vida; essa definição é talvez pouco feliz na forma, porém mostra quanto ele reconhecia a importância do elemento crítico em toda obra criadora.

ERNESTO. — Eu deveria ter dito que os grandes artistas trabalhavam inconscientemente, e que eram "mais avisados do que supunham", como Emerson, penso eu, o faz notar algures.[18]

GILBERTO. — Não é tanto assim, Ernesto. Qualquer belo trabalho de imaginação é consciente e maduramente refletido. Nenhum poeta, ou pelo menos nenhum grande poeta, canta porque deve cantar. Um grande poeta canta porque quer cantar.

Assim o é e assim o foi sempre. Temos às vezes tendência a pensar que as vozes que ressoavam na aurora da poesia eram mais frescas, mais simples, mais naturais que as nossas e que o universo, tal como era visto e percebido pelos poetas de então, podia, graças a uma virtude poética particular, ser cantado tal qual. Agora a neve cai espessa sobre o Olimpo, cujas escarpas são mais abruptas; houve, porém, uma época, pensamos, em que as níveas plantas das Musas deslizavam sobre o orvalho matinal das anêmonas e em que Apolo vinha, à tarde, cantar aos pastores no vale. Com isso não fazemos senão atribuir às outras idades aquilo que desejamos, ou que acreditamos desejar, para a nossa época. Nosso senso histórico foi derrotado. Qualquer século que produza poesias, por mais longínquo que esteja, é um século artificial, e a obra, que se nos antolha como a mais natural e como um simples produto de sua época, é sempre o

18. Ralph Waldo Emerson (1803-1882), escritor e conferencista americano; sua obra principal intitula-se *Homens representativos* (Napoleão, Goethe, Montaigne etc.).

resultado do mais consciente esforço. Acredite-me, meu caro Ernesto, não há arte elevada sem consciência, e consciência e espírito crítico é tudo a mesma coisa.

ERNESTO. — Bem o compreendo. Há muita verdade no que você diz. Mas você há de admitir certamente que os grandes poemas das primitivas idades do mundo, os poemas iniciais, anônimos, coletivos, provinham da imaginação das raças mais que da imaginação individual.

GILBERTO. — Menos quando se transformaram em poesia. Menos quando receberam bela forma. Porque não há arte sem estilo, estilo sem unidade, e a unidade pertence ao indivíduo. É certo que Homero serviu-se de velhas histórias e baladas, como Shakespeare de peças e crônicas antigas. Ele as tomava e as arranjava em cantos. Tornaram-se dele porque ele as fez belas. Foram edificadas com música.

E se bem que não construídas
Inabaláveis, todavia, para sempre.

Quanto mais se estuda a vida e a literatura, meu caro, mais intensamente se sente que por trás de tudo que é maravilhoso há o indivíduo e que não é o momento que faz o homem, porém o homem que faz a época. Inclino-me a crer que cada mito, cada legenda que nos parece provir da admiração, do terror, ou da fantasia de uma tribo ou de uma nação foi originalmente inventada por um único espírito. O número restrito dos mitos parece-me confirmar essa opinião. Mas não nos percamos na mitologia comparada. Restrinjamo-nos à crítica.

O que quero demonstrar é isto. Em uma época que não possui crítica de arte, a arte não existe, ou então é hierática, confinada à reprodução de tipos antigos. Certas idades da crítica não foram criadoras no sentido usual do termo; bem o sei: o espírito do homem buscava nelas inventariar os próprios tesouros, separar o ouro da prata e a prata do chumbo, avaliar as joias e nomear as pérolas. Porém, todas as idades *criadoras* foram também *críticas*. Pois que é o espírito crítico que engendra as formas novas. A *criação* tende a repetir-se. Ao instinto crítico é que se deve cada nova escola que se ergue, cada fôrma que a arte encontra pronta para seu pé. Não há uma única forma de arte que não tenha provindo do espírito crítico de Alexandria, onde tais formas foram inventadas, aperfeiçoadas, estereotipadas. Cito Alexandria não somente porque foi lá que o espírito grego tornou-se mais consciente e finalmente soçobrou no ceticismo e na teologia, mas também porque Roma buscava modelos nessa cidade e não em Atenas, e ainda porque foi graças à sobrevivência naquela cidade da língua latina que a cultura intelectual não pereceu. Quando a literatura grega espalhou-se pela Europa, durante o Renascimento, o terreno já lhe havia sido aplainado de algum modo... Para livrarmo-nos dos detalhes históricos, sempre fastidiosos e habitualmente inexatos, afirmemos somente que as diversas formas de arte nasceram do espírito crítico grego. A ele devemos a poesia épica e lírica, o drama com todo seu desenvolvimento, inclusive a sua feição burlesca, o idílio, o romance romântico, o de aventuras, a crônica, o diálogo, o discurso, a conferência e o epigrama na mais lata acepção desse termo. A eles tudo devemos exceto o soneto — com o qual, todavia, curiosos paralelos de "movimentação do pensamento" podem ser retraçados na *Antologia* —, o jornalismo americano, sem paralelo em parte alguma, e a balada escocesa, com que um dos nossos mais industriosos escritores procurou recentemente fazer a base de um esforço unânime e final, que tornaria realmente românticos todos os nossos poetas de segunda ordem. Cada nova escola, desde o seu nascimento, insurge-se contra a crítica, mas é graças à presença dessa faculdade no homem que ela deve a sua existência.

O puro instinto criador não inova, reproduz.

ERNESTO. — Você falou da crítica como de uma parte essencial do espírito criador, e agora aceito sua teoria por completo. Mas que se deve pensar da crítica fora do terreno da criação? Tenho o mau hábito de ler os periódicos e parece-me que grande parte da crítica moderna não tem valor algum.

GILBERTO. — Dá-se o mesmo com grande número de obras criadoras. A mediocridade avaliando a mediocridade, e a incompetência aplaudindo seu semelhante — tal é o espetáculo que a atividade artística da Inglaterra, de quando em vez, nos oferece. De resto sou um tanto injusto. Em geral os críticos — falo dos de mais alta categoria, dos que escrevem para os jornais mais caros — são bem mais preparados que os indivíduos cujas obras analisam. Isto já era de esperar, pois a crítica moderna demanda uma cultura intelectual muito mais elevada que a criação artística.

ERNESTO. — Deveras?

GILBERTO. — Decerto! Qualquer pessoa pode escrever um romance em três volumes. Para isto basta simplesmente uma profunda ignorância da vida e da literatura. A única dificuldade que encontram os escritores de revista é a de manterem um ideal. Onde não há estilo, não há ideal. Esses pobres-diabos estão reduzidos provavelmente a serem os repórteres da polícia correcional da literatura, os analistas dos delitos habituais aos criminosos da arte. Deles se diz muitas vezes que não leem todos os trabalhos de que têm que fazer a crítica. E efetivamente não os leem. Pelo menos não os deveriam ler sob pena de tornarem-se perfeitos misantropos, ou, para servir-me da palavra de uma das gentis alunas de Newnham: "perfeitos misóginos para o resto da vida"[19]. Além disto, tal coisa não é

---

19. Em Newnham há uma universidade para moças. A alusão visa às mulheres de letras, tão numerosas na Inglaterra.

necessária. Para conhecer o valor de uma colheita e a qualidade de um vinho é inútil beber toda a pipa! Em meio pode-se com facilidade dizer se um livro é bom ou não presta. Se se tem o instinto da forma bastam dez minutos. Para que perder-se tempo com um volume pulha? Basta prová-lo e é o bastante.

Muitos dos operosos artífices da pintura ou da literatura opõem-se completamente à crítica. E têm razão. A obra deles nenhuma relação tem com a época. Não nos traz elemento algum desconhecido de prazer. Nada nos sugere de novo, quanto ao pensamento, à paixão, à beleza. Devia ficar no esquecimento que merece.

ERNESTO. — Desculpe-me, meu caro, se o interrompo, mas você parece dar arras à sua paixão pela crítica a ponto de levá-la demasiado longe. Porque afinal você há de convir que é muito mais difícil realizar alguma coisa do que somente aludir a ela.

GILBERTO. — Mais difícil fazer alguma coisa que falar dela? Absolutamente não! Isto é um grande erro habitual. É muito mais difícil falar de uma coisa que praticá-la.

Na vida, nada de mais evidente. Quem quer que seja pode fazer história, mas somente um grande homem poderá escrevê-la. Não há forma alguma de ação ou de emoção que não possamos partilhar com os animais os mais inferiores. É tão somente pela linguagem que nos elevamos acima deles, pela linguagem que é a mãe, e não a filha, do pensamento.

A ação é sempre fácil e, quando se representa sob sua forma mais grave — porque mais contínua, isto é, sob a do trabalho real —, torna-se o refúgio de indivíduos desocupados. Não, Ernesto, não fale em ação. É uma coisa cega que depende de influências exteriores e que exerce um influxo cuja natureza ignoro. É essencialmente incompleta, porque restringida pelos acasos, ignorante de sua direção, sempre em desacordo com o seu fim. A sua base é a falta de imaginação. É o último recurso dos que não sabem sonhar.

ERNESTO. — Gilberto, você trata o mundo como uma bola de vidro. Toma-o nas mãos e o revira para gáudio da sua despótica fantasia. Nada mais faz do que reeditar a história.

GILBERTO. — Nossa única obrigação em relação à história é reeditá-la. E não é essa a menor das obrigações reservadas ao espírito crítico. Quando estiverem completamente descobertas as leis científicas que regem o mundo, há de se ter a convicção de que o homem de ação ilude-se mais que o sonhador. Ele desconhece a origem e a resultante do que faz. No campo em que acreditava haver semeado cardos, colhemos nossa vindima, e a figueira que plantou para nosso regalo é tão estéril como um cardo e mais amargo que ele. É porque a humanidade nunca enxergou a estrada que trilha que tem conseguido seguir o seu caminho.

ERNESTO. — Então você acredita que na esfera da ação um fim consciente é coisa falaciosa.

GILBERTO. — Pior que isso. Se vivêssemos bastante tempo para podermos apreciar os resultados de nossos atos, talvez acontecesse que aqueles que se intitulam bons se tornassem cheios de remorsos, e que aqueles a quem o mundo chama de maus se transformassem em bons. Cada partícula do que fazemos passa pela mó da vida — que pode reduzir as virtudes a pó impalpável ou modificar os pecados a ponto de torná-los elementos de uma nova civilização muito mais maravilhosa que qualquer das anteriores. Porém, os homens são escravos das palavras. Enfurecem-se contra o Materialismo, como o chamam, esquecendo que não houve progresso material que não tivesse espiritualizado o mundo, e que muitos surtos espiritualistas houve, se é que os tenha havido, que desperdiçaram as faculdades do mundo em falazes esperanças, em aspirações sem frutos e em crenças ocas e perniciosas.

O que se chama pecado é um elemento essencial de progresso. Sem ele o mundo ficaria estagnado, perderia a juventude, todo o colorido. Pela curiosidade, o Pecado aumenta a experiência da Raça. Ativando o indivíduo, salva-nos da banalidade do "tipo". No seu desprezo pelas noções correntes sobre a moralidade, possui a mais elevada moral. E quanto às virtudes, Renan nos diz: a natureza pouco cabedal faz da castidade, e é talvez ao opróbrio da Madalena e não à própria pureza que as modernas Lucrécias devem o serem imaculadas. A caridade, como é reconhecido por aqueles mesmos para quem ela constitui quase toda religião, procria um sem-número de males. A realidade da consciência, essa faculdade sobre que as pessoas tanto tagarelam e de que são tão orgulhosas, é um sinal do nosso imperfeito desenvolvimento. Antes que nos tornemos superiores, deve fundir-se no instinto. A abnegação não é mais que um método com que o homem entrava o próprio progresso! O sacrifício é uma sobrevivência das mutilações dos selvagens, uma parte desse culto da dor que tão terrível papel representou na história do mundo e que possui ainda altares. Virtudes? Que vem a ser isso? Nem você, nem eu, nem ninguém o sabe. A nossa vaidade é quem executa os criminosos, pois que, se os deixássemos viver, eles nos mostrariam o que lucramos com os seus crimes. É para a própria tranquilidade que o santo vai ao martírio; poupa-se assim à visão horrível da colheita do que semeou.

ERNESTO. — Gilberto, você fere uma nota muito estridente. Tornemos aos campos mais amenos da literatura. Que dizia você? Que era mais difícil falar sobre uma coisa que fazê-la...

GILBERTO, *após uma pausa.* — Sim, parece-me que eu enunciava essa simples verdade. Afinal você há de reconhecer que eu tenho razão! Quando um homem se agita, é um títere. Quando descreve, é um poeta. Todo o segredo está nisso. Fácil era, rias ardentes planícies do Ílion, arremessar a flecha do arco tendido ou arremeter com o chuço de haste de freixo contra o escudo de couro e cobre flamejante! Fácil era à rainha adúltera desdobrar os tapetes tírios aos pés de seu senhor, e enquanto ele estirava-se na sua banheira marmórea, envolvê-lo com a rede de púrpura e ordenar ao seu amante de amena fisionomia apunhalar através das malhas o coração que deveria ter sido esmagado em Áulis. Para Antígone, a quem todavia a morte esperava para seus esponsalícios, fácil era varar a atmosfera corrupta do meio-dia, ascender à colina e cobrir com a terra benfazeja o mísero cadáver desnudado.

Mas que pensar daqueles que escreveram sobre essas coisas, que deram realidade a elas, que as imortalizaram? Não serão porventura maiores que os vultos que cantaram? "Heitor, o doce cavaleiro é morto", Luciano conta-nos como no caliginoso mundo de além Menipo viu o alvinitente crânio de Helena e ficou maravilhado que por um tão vil objeto de desejo tantos barcos rostrados tenham sido impelidos, tantos homens couraçados mortos, tantas cidades fortificadas, arrasadas. E todavia, diariamente, a filha de Leda, qual um cisne, vem contemplar, por trás das ameias, a guerra. Os hirsutos soldados admiram a sua graça ao lado do rei. O amante reclinado no ebúrneo quarto açacala a armadura e alisa a pluma escarlate do elmo. Seguido de um escudeiro e um pajem, o marido percorre as tendas. Ela pode ver a sua bela cabeleira e ouvir ou acreditar ouvir a sua clara voz. No pátio, embaixo, o filho de Príamo reveste a brônzea armadura; os alvos braços de Andrômaca envolvem-lhe o colo; e ele deixa em terra o elmo para não espantar o próprio filho. Por trás dos panos bordados da sua tenda, Aquiles acha-se assentado com vestes perfumadas, enquanto com a armadura de ouro o seu íntimo amigo prepara-se para o combate. De um cofre estranhamente esculturado que a mãe lhe havia trazido ao navio, o senhor dos Mirmidões tira o cálice místico que lábio humano algum jamais tocou; burne-o com enxofre e água fresca e, com as mãos erguidas, enche-o de vinho tinto e rega o chão com o sumo de baga em honra àquele que, em

Dodona, profetas descalços adoram e implora, embora saiba que vãos sejam seus pedidos e que, pelas mãos de dois cavaleiros troianos, Euforbo, o filho de Panteia, cujos anéis de cabelo são de ouro presos, e o filho de Príamo, de leonino coração, Pátroclo, o melhor dos companheiros, deva encontrar a morte... Serão fantasmas, por acaso? Heróis da sombra e das cumeadas? Sombras de um poema? Não: são a realidade pura!... A ação! Que vem a ser a ação! Ela morre no momento da sua energia! É uma baixa concessão ao fato. O mundo é construído pelo poeta para o sonhador!

ERNESTO. — Enquanto você fala eu o acredito.

GILBERTO. — Assim o é na verdade. Sobre a cidadela de Troia, que se desfaz em pó, a lagartixa brônzea espreguiça-se. O mocho elegeu domicílio no palácio de Príamo.

Pela erma planície o pastor e o pegureiro erram com seus rebanhos, e sobre o mar dormente, "qual se de azeite fora", οίνψ πόντος,[20] na expressão de Homero, lá onde aportaram as galeras gregas enfunadas de púrpura, com as proas de cobre e ornamentadas de crescentes luzidios, o solitário pescador de atum vigia as leves cortiças da rede... Entretanto, todas as manhãs as portas da cidade são violentamente abertas e, a pé ou em carros puxados por ginetes, os guerreiros precipitam-se ao combate e menoscabam do inimigo por trás de férreas máscaras. Diariamente combate-se com afã, e quando sobrevém a noite brilham os archotes junto às tendas e no salão arde o fanal!... Os que vivem no mármore ou na tela não conhecem da vida senão um instante único, admirável, eterno no seu esplendor, porém limitado a uma nota passional ou a um aspecto de calma. Aqueles a quem o poeta faz viver têm inúmeras emoções de alegria e de terror, de coragem e

20. οίνψ Ponto (Ponto — região na costa sul do mar Negro).

de desespero, de prazer e de sofrimento. As estações passam ante eles em álacre ou melancólico cortejo, e alígeros ou lentos transcorrem os anos. Eles têm a mocidade e a sua madureza; são jovens e envelhecem. Para santa Helena, é sempre aurora tal como o Veronês a viu à janela; os anjos trazem-lhe o símbolo do sofrimento divino; a fresca brisa matutina faz ondular os cabelos da sua fronte... Sobre a colinazinha de Florença, onde pairam os amorosos de Giorgione, reina sempre o solstício do estio, tão langoroso e aquecido que dificilmente a esbelta rapariga nua pode mergulhar na cisterna de mármore e faz repousar sobre as cordas do alaúde os dedos preguiçosos... É sempre crepúsculo para as ninfas dançarinas que Corot coloca, em plena liberdade, entre os olmeiros argentados da França; em crepúsculo eterno movem-se essas delicadas figuras diáfanas cujos níveos pés palpitantes nem sequer parecem tocar o prado úmido de orvalho... Porém, aqueles que existem na epopeia, no drama, no romance, podem contemplar no decorrer dos meses laboriosos a lua nova crescer e minguar, a noite transcorrer toda da tarde até a estrela matutina e o dia, desde a aurora até o pôr do sol e com ele o seu ouro todo e toda a sua sombra. Para elas, como para nós, as flores desabrocham e fenecem; e a terra, essa Divindade de Tranças Verdes, como diz Coleridge, transforma as vestes para lhes ser agradável. Na estátua concentra-se um único instante de perfeição; a imagem retraçada na tela não possui elemento espiritual de crescimento ou de mudança; se nada sabem da morte, é porque pouco sabem da vida — pois os segredos da vida e da morte pertencem somente àqueles a quem o transcorrer do tempo pode afetar, que possuem o Passado e o Futuro e que podem se elevar ou serem precipitados de um passado de opróbrio ou de glória. O movimento, esse problema das artes visíveis, não pode ser resolvido senão pela Literatura. Ela tão somente nos mostra o corpo na sua vivacidade e a alma nas suas agitações.

ERNESTO. — Sim, percebo o que você quer dizer. Mas então, quanto mais alto coloca você o artista criador, tanto mais baixo põe o crítico.

GILBERTO. — Por quê?

ERNESTO. — Porque tudo que ele nos pode dar é o eco de uma rica música, o fraco reflexo de uma forma de brilhantes contornos. Talvez a vida constitua um caos, como você o diz, e seus martírios sejam baixos e seus sacrifícios ignóbeis; talvez seja o criar função da literatura, tendo a existência real como "grosseiros materiais", um novo mundo mais maravilhoso, mais durável e mais verdadeiro que o real, do que aquele que os olhos do vulgo contemplam. Mas esse mundo nosso, criado pelo espírito e pela mão de um grande artista, será certamente coisa tão completa, tão perfeita que nada se deixará ao crítico. Compreendo e admito mesmo que é bem mais difícil discorrer sobre alguma coisa que realizá-la; parece-me, porém, que essa máxima sadia e sensata, tão lisonjeira para os sentimentos de todos e que deveria ser adaptada como divisa por todas as Academias de Letras do mundo, se aplica somente às relações que existem entre a Arte e a Vida, e não entre a Arte e a Crítica.

GILBERTO. — Porém, a Crítica é também uma arte! E, assim como uma criação artística implica o funcionamento da faculdade crítica, sem o que ela não existiria, assim também a crítica é na verdade criadora na mais elevada acepção do termo! Ela é afinal criadora e independente.

ERNESTO. — Independente?

GILBERTO. — Sim, independente. A crítica não deve ser, assim como a obra do poeta ou do escultor, julgada por não sei que baixas regras de imitação ou de semelhança. O crítico ocupa a mesma posição em relação à obra de arte que o artista em relação ao mundo visível da forma e da cor, ou o invisível mundo da paixão e do pensamento. Ele não necessita, para o aperfeiçoamento de sua arte, dos mais belos materiais... O que quer que seja, poder-lhe-á servir. E assim como Gustave Flaubert conseguiu criar uma obra-prima clássica de estilo com os tolos amores sentimentais da ingênua esposa de um reles boticário da campanha, na sórdida aldeia de Yonville-l'Abbaye, assim também com assuntos de pouca ou nenhuma importância, tais como as pinturas da *Royal Academy* nesse ano, ou mesmo, nos anteriores, os poemas de Lewis Morris,[21] os romances de Ohnet ou as peças de Henry Arthur Jones,[22] o verdadeiro crítico pode, se lhe aprazer dirigir ou prodigalizar a faculdade de contemplação, produzir uma obra sem falhas e cheia de sutilezas intelectuais. E por que não? A tolice é sempre uma irresistível tentação para o esplendor; ela é a *Bestia Trionfans* que faz sair a sabedoria da sua caverna. A um artista tão criador como o crítico, que importa o assunto? Tanto quanto a um romancista ou a um pintor. Como esses, ele em toda parte pode encontrar assunto. O modo de tratar é o que vale! Todas as coisas têm em si sugestão e atrativos.

ERNESTO. — Porém, a crítica constitui realmente uma arte criadora?

GILBERTO. — Por que não? Ela trabalha com materiais e dá-lhes uma forma nova e deliciosa. Que se poderá dizer mais da poesia? Eu chamaria à crítica — uma criação noutra criação. Pois do mesmo modo que os grandes artistas, de Homero e Ésquilo a Shakespeare e Keats, não encararam, nos assuntos que trataram, diretamente a vida, porém buscaram-na na mitologia, na legenda e nos antigos contos, a crítica emprega os materiais que outrem, digamos assim, apurou para ela e aos quais a forma imaginativa e o colorido já foram acrescentados. Melhor ainda, a crítica elevada, sendo a mais pura forma de

---

21. Lewis Morris (1833-1907), poeta, autor de *The Epic of Hades*.
22. Sir Jones (1851-1929), um dos autores dramáticos mais em voga em Londres.

impressão pessoal, parece-me, no seu gênero, mais criadora que a criação, pois que menos relações tem com tal ou tal ideal exterior a si própria, ela é a sua própria razão de ser, e, como o afirmavam os gregos, ela tem em si e para si o seu próprio fim. A preocupação da verossimilhança não lhe impõe óbices; a baixa concessão às fastidiosas repetições da vida doméstica ou pública jamais a afeta. Da ficção poder-se-á apelar para a realidade. Mas não haverá rebate algum da alma.

ERNESTO. — Da alma?

GILBERTO. — Sim, da alma. Porque a crítica elevada é na realidade a exteriorização da alma de alguém! Ela fascina mais que a história, pois que não se ocupa senão de si própria. É mais deliciosa que a filosofia, porque o seu assunto é concreto e não abstrato, real e não vago. É a única fórmula civilizada da autobiografia, pois se ocupa não dos acontecimentos, porém dos pensamentos da vida de alguém, não das contingências da vida física, porém das paixões imaginativas e dos estados superiores da inteligência. Sempre achei graça na tola vaidade desses escritores e artistas da nossa época que acreditam ser a função primordial do crítico o discorrerem sobre suas medíocres obras. O melhor que se pode dizer da arte criadora moderna em geral é ser ela um pouco menos vulgar que a realidade, e assim o crítico, com a sua fina distinção e sua delicada elegância, preferirá olhar no espelho argênteo ou através do véu e desviará os olhos do tumultuoso caos da existência real, se por acaso o espelho estiver embaciado ou dilacerado o véu. Escrever impressões pessoais, eis o seu escopo único. Para ele é que são pintados os quadros, escritos os livros e cinzelados os mármores.

ERNESTO. — Creio ter ouvido uma outra teoria sobre a crítica.

GILBERTO. — Sim, alguém de quem nós reverenciamos todos a graciosa memória — alguém que pela música de seu cálamo atraiu outrora para aquém dos campos sicilianos essa Prosérpina falaciosa, cujos brancos pés não agitaram em vão as primaveras de Cumnor[23] — declarou que o fim da crítica consiste em ver o "objeto" como na realidade ele é. Mas é grave erro; a crítica, na sua elevada forma, na forma perfeita, é essencialmente subjetiva; busca revelar o próprio segredo e não o segredo de outrem: serve-se da Arte não pela deterioração, mas pela emoção.

ERNESTO. — Praticamente, será isso assim mesmo?

GILBERTO. — Decerto. Quem se preocupará se as opiniões de Ruskin sobre Turner são ou não justas? Que importa? Sua prosa potente e majestosa, tão colorida, tão nobre, tão eloquente, tão ricamente musical e, nos seus melhores momentos, tão infalível na sutil escolha da palavra e do epíteto, é uma obra de arte pelo menos tão maravilhosa como esses maravilhosos poentes esmaecidos, nas suas carunchosas telas na *Gallery*; maior mesmo, é crível, porque sua beleza equivalente é mais durável, e por causa de sua extensão de aspirações, sua variedade de efeitos; uma alma fala à outra nessas linhas cadenciadas, não somente através da forma e da cor, de que elas são tão cheias, porém com uma paixão elevada e um pensamento mais alto ainda, com uma imaginação consciente e um fim poético. Ele é maior, creio, a literatura em relação às outras artes.

Quem se importará que Pater tenha posto no retrato de Mona Lisa coisas em que Leonardo jamais pensou? O pintor pode não haver sido senão o escravo de um sorriso arcaico, como alguns o imaginaram, porém, sempre que passo pelas frescas galerias do Louvre e estaco ante essa estranha figura "assentada em sua poltrona de mármore, entre rochas fantásticas, como

---

23. Isto é, Matthew Arnold (ver nota 13, p. 97), poeta e crítico, autor de *Empédocles sobre o Etna*, dos *Ensaios sobre a crítica* e professor de poesia em Oxford, perto de Cumnor, que lhe inspirou tão lindos versos.

envolta em uma luz submarina", digo comigo mesmo: "Ela é mais velha que os rochedos que a cercam; como o vampiro, ela várias vezes morreu e conheceu os segredos da tumba; mergulhou nos mares profundos e deles conservou em torno de si a fraca luz; negociou exóticos tecidos com mercadores orientais; como Leda, deu à luz a troiana Helena, e como Sant'Anna, a Maria; tudo isso importou-lhe tanto como o som das liras e das flautas, e não sobrevive nela senão em certas delicadezas dos cambiantes traços e certo colorido das pálpebras e das mãos." Digo então a meus amigos: "A presença que assim emergiu, tão estranhamente, das águas é uma expressão do que, no curso de mil anos, o homem chegou a desejar." E eles me respondem: "Sobre esta cabeça 'acumularam-se todos os fins do Universo', e isso produziu-lhe a fadiga das pálpebras."

Desse modo, a pintura torna-se para nós mais bela do que é na realidade; revela-nos um segredo que ignora e a música da prosa mística é tão doce aos nossos ouvidos como a do tocador de flauta que deu aos lábios da Gioconda essas curvas sutis e venenosas.

Pergunte-me a resposta de Leonardo se alguém lhe houvesse dito do seu quadro que "todos os pensamentos e a experiência total do mundo, bastante poderosos para apurar e tornar expressiva a forma exterior, gravaram e retraçaram aí o animalismo grego, a luxúria romana, a cisma da Idade Média, com a sua ambição espiritualista e seus amores imaginativos, a volta do mundo pagão, os pecados dos Bórgias?"... Eu diria: — a resposta dele seria: "Não tive tais intuitos! Preocupei-me somente com certos detalhes das linhas e também de novas e artísticas harmonias em verde e azul."

E é por essa mesma razão que a crítica à qual fiz alusão é a mais elevada; porque trata a obra de arte como um ponto de partida para uma criação. Não se limita — pelo menos assim supomos — a descobrir a intenção real do artista e a aceitá-la como definitiva. E o erro não se acha nela, pois o sentimento de toda a bela obra criada reside pelo menos tanto na alma que a contempla como na alma que a criou. E é mesmo o próprio espectador que empresta à bela obra suas inúmeras significações, no-la torna maravilhosa, a põe em novas relações com a época, de sorte a torná-la uma parte essencial das nossas vidas, um símbolo do que aspiramos, ou talvez daquilo que, após havermos desejado, receamos conseguir. Quanto mais estudo, Ernesto, mais claramente me apercebo da beleza das artes visíveis, a princípio, em uma simples impressão, e que o excesso de intenção intelectual do artista pode estragá-la e muitas vezes estraga mesmo. Pois quando a obra chega a seu fim, possui uma vida independente, bem própria, e pode traduzir coisa diversa daquela que lhe haviam encarregado de traduzir. Quando escuto, às vezes, a protofonia do *Tannhäuser*, parece-me estar vendo esse belo cavaleiro, em sua sutil marcha sobre o prado florido, e ouvir a voz de Vênus que o chama da sua colina escavada. Porém, outras vezes fala-me ela de mil coisas diferentes, de mim mesmo talvez e da minha própria vida, ou da vida de pessoas — ou das paixões que o homem conheceu, ou das que ele ignora e entretanto deseja. Hoje à noite ela pode nos encher com este *ΕΡΩΣ ΤΩΝ ΑΔΥΝΑΤΩΝ*,[24] com este *Amour de l'Impossible* que tomba sobre tantas pessoas que se julgam tranquilas e ao abrigo do mal, e bruscamente são intoxicadas com a peçonha do desejo sem limites e, na perseguição desabalada do inacessível, enfraquecem, tropeçam, desfalecem. Amanhã, como a música de que vos falam Aristóteles e Platão, a nobre música dórica dos gregos — ela pode preencher as funções de médico e dar-nos um remédio contra a dor, curar a alma ferida e "pô-la em harmonia com todas as belas coisas".

24. Eros... amor pelo impossível. (N.T.)

E o que é verdadeiro em relação à música o é também em relação a todas as outras artes. A Beleza é o símbolo dos símbolos. A beleza tudo revela, porque nada exprime. Quando ela se nos mostra, revela-nos todo o ardor do Universo.

ERNESTO. — Mas uma tal obra será realmente crítica?

GILBERTO. — É a crítica mais elevada, porque não se ocupa somente da obra de arte individual, porém da própria beleza, e completa maravilhosamente uma forma que o artista deixou vazia, ou incompreendida, em parte ao menos.

ERNESTO. — Então, a crítica elevada é mais criadora que a própria criação e o principal fim do crítico é ver as coisas como na realidade elas não são; tal é, parece-me, a sua teoria?

GILBERTO. — Sim. A obra de arte serve ao crítico simplesmente para sugerir-lhe uma nova obra pessoal, que pode não ter semelhança alguma com a que ele critica. A característica única de uma bela coisa é que pode emprestar-se a ela ou nela ver aquilo que se deseja; e a beleza, que dá à criação seu estético e universal elemento, faz do crítico um criador a seu turno, e segreda mil coisas que não existiam no espírito daquele que esculpiu a estátua, pintou a tela ou gravou a pedra.

Os que não compreendem nem a alta crítica, nem a arte elevada, têm dito algumas vezes que o crítico gosta de escrever sobre quadros que pertencem ao anedotário da pintura ou que representam cenas tiradas da literatura ou da história. Não é exato. Com efeito, as telas desse gênero são muito mais compreensíveis. Pertencem à ilustração; e consideradas mesmo sob esse ponto de vista enganam, porque, em vez de excitarem a imaginação, lhes criam limites. O domínio do pintor, como já o indiquei, difere muito do do poeta. A este a vida pertence por completo; não só a beleza que os homens percebem, mas a que ouvem, não somente a graça momentânea da forma ou a fugidia alacridade do colorido, mas toda a esfera da sensação, o ciclo completo do pensamento. O pintor, porém, é tão cerceado que não nos pode mostrar o mistério da alma senão através da máscara do corpo; não pode apalpar as ideias senão por trás das imagens convencionais e tratar a psicologia através dos seus equivalentes físicos. E ainda assim, em que desproporção! Pede-nos aceitarmos o turbante lacerado do Mouro pela nobre cólera de Otelo, ou um velho tresvariado em um temporal pela bárbara loucura de Lear. Nada parece fazê-lo estacar! Muitos dos nossos velhos pintores ingleses perdem o melhor de sua triste vida a respigar no domínio dos poetas e estragam motivos procurando dar, em uma forma ou numa cor visíveis, a maravilha do que não é visível, o esplendor do que não se vê. Naturalmente os seus quadros são insuportáveis. Eles degradam as artes visíveis até fazê-las artes de fácil compreensão — e a coisa de fácil compreensão é a única que não vale a pena ser contemplada. Não digo que o pintor e o poeta não possam tratar o mesmo assunto. Sempre o fizeram e continuarão a fazê-lo. Mas enquanto o poeta pode ser pictural ou não, à vontade, o pintor deve sê-lo sempre. Pois que é limitado, não pelo que vê na natureza, mas pelo que pode ser visto na tela.

Também, meu caro Ernesto, quadros desse gênero jamais fascinarão o verdadeiro crítico. Esse se voltará para outros, para aqueles que fazem meditar, sonhar, pensar, para as obras que possuem a sutil qualidade da sugestão e que parecem dizer que há, mesmo em si, uma evasão para um mundo mais amplo.

Dizem que a tragédia de uma vida de artista está em não poder realizar o seu ideal. Mas a verdadeira tragédia de tantos artistas é a realização por demais completa desse ideal. Assim realizado, o mesmo ideal perdeu a beleza, o mistério, e passa a formar um novo ponto de partida para um ideal diferente. Eis porque a música é o tipo perfeito da arte. A música jamais pode exprimir o seu último segredo.

A importância dos limites em arte explica-se ainda assim: o escultor abandona de bom grado a cor imitativa, e o pintor, as dimensões reais, pois tais sacrifícios evitam uma representação muito precisa do Real (que seria uma simples imitação) ou uma realização muito precisa do Ideal (que seria muito puramente intelectual). É graças ao seu estado incompleto que a arte se completa em beleza; ela não busca a faculdade de reconhecer e tampouco a razão, mas unicamente o senso estético que, aceitando uma e outra como fases de compreensão, subordina-as a uma simples impressão sintética e de conjunto artístico; ela acolhe todos os elementos estranhos de emoção que a obra possa possuir e emprega a sua complexidade como meio de acrescentar uma harmonia mais rica até a última impressão. Você vê, pois, como o crítico esteta rejeita essas maneiras de arte *evidente*, que só tem uma causa a exprimir e que, exprimindo-a uma vez, acabam estúpidas e estéreis. Prefere as que o sonho ou tal estado de alma sugerem, porque a beleza imaginativa destas últimas permite todas as interpretações, das quais nenhuma chega a ser a última. A obra criadora do crítico e a obra que o incitou a criar sem dúvida se assemelharão, mas tal semelhança não lembrará a da Natureza com o espelho que o paisagista gosta de apresentar-lhe, mas sim a que existe entre a Natureza e a obra do artista decorador. Nos tapetes sem flores da Pérsia, a rosa e a tulipa, entretanto, florescem e são lindas, embora não reproduzidas em formas e linhas visíveis; a pérola e a púrpura das conchas marinhas se renovam na igreja de São Marcos, em Veneza; a abóbada da admirável capela de Ravena é suntuosa graças ao ouro, ao verde e às safiras da cauda do pavão, embora as aves de Juno aí não voem... Pois bem, assim o crítico reproduz a obra sobre que escreve, sem qualquer processo imitativo e com o rejeito da semelhança constituindo o maior encanto; e mostra, assim, não somente a significação da beleza, mas o seu mistério, e, transformando cada arte em literatura, resolve de uma vez por todas o problema da unidade da Arte.

Vejo, porém, que são horas de ceia. Depois de saborearmos o Chambertin, passaremos à questão do crítico considerado como um intérprete.

ERNESTO. — Ah! Você então admite que se pode, às vezes, permitir ao crítico apreciar as coisas tais como elas são?

GILBERTO. — Não estou bem certo. Talvez o admita depois da ceia!... Há uma sutil influência nas ceias.

Segunda Parte

ERNESTO. — Deliciosas estas codornas! Magnífico este Chambertin!

E agora voltemos ao nosso assunto. Onde estávamos nós?

GILBERTO. — Ora! não façamos isso. A conversa deve tocar a tudo e em nada concentrar-se. Falemos da *Indignação moral, suas causas* e *seu tratamento*; pretendo escrever a respeito. Ou da *Sobrevivência de Tersites*, tal como nos mostram as revistas inglesas, ou sobre outra qualquer coisa.

ERNESTO. — Não. Quero discutir a crítica e o crítico. Segundo você, a alta crítica toma a arte como um meio, não de expressão, mas de impressão, e assim se torna, a um tempo, criadora e independente; ela é, pois, uma arte em si, uma arte que possui com a obra criadora as mesmas relações que esta tem com o mundo visível, de forma e cor, ou o mundo invisível, de pensamento e paixão. Agora diga-me: o crítico não será, às vezes, um intérprete?

GILBERTO. — Sim, se for do seu consentimento. Ele poderá passar da impressão sintética de conjunto, que lhe produziu a obra de arte, a uma análise ou uma exposição da mesma obra, e nesta esfera, inferior, como já o demonstrei, há coisas deliciosas a dizer e a fazer. Entretanto, seu objeto nem sempre será a explicação da obra de arte. Procurará, de preferência, condensar o seu mistério e levantar em torno dela e de seu autor essa cerração igualmente cara aos deuses e aos fiéis. As pessoas ordinárias estão "à sua vontade em Sião". Pretendem passear de braço dado com os poetas e possuem uma maneira dulçorosa e ignorante de insinuar: "Para que conhecer o que se escreveu a respeito de Milton e de Shakespeare? Leiamos os seus poemas e é bastante." Apreciar, porém, Milton, assim como o observava o último reitor de Lincoln, é a recompensa de uma erudição profunda. E quem deseja compreender verdadeiramente Shakespeare deve, antes de tudo, compreender as suas relações com o Renascimento e a Reforma, com a época de Isabel e a época de James; deve, ainda, saber familiarmente a história da luta entre as velhas formas clássicas e o novo espírito romântico, entre a escola de Sydney,[25] de Daniel,[26] de Jonson,[27] e a escola de Marlowe[28] e seu filho, maior do que ele;[29] deve mais conhecer os materiais de que dispunha Shakespeare, a sua maneira de utilizá-los, os sistemas de representações teatrais nos séculos XVI e XVII, sua liberdade maior ou menor, a crítica literária do tempo, seus fins, suas maneiras, suas regras; deve também estudar a história da língua inglesa, o verso branco ou rimado em seus diversos desenvolvimentos, o drama grego e as relações existentes entre o criador de Agamênon e o criador de Macbeth; em uma palavra, deve poder reatar a Londres do

---

25. Sir Philip Sidney (1554-1586), autor da *Arcádia* e da *Defesa da poesia*. Reagiu contra os puritanos.

26. Samuel Daniel (1562-1619), escritor da mesma época. Escreveu uma notável história das guerras entre as casas de York e de Lancaster.

27. Ben Jonson (1572-1637), autor dramático fecundo e interessante.

28. Christopher Marlowe (1564-1593), dramaturgo de talento considerável, que foi morto — muito cedo — em um conflito numa bodega. Autor de *A vida e a morte do doutor Fausto*, do *Judeu de Malta* etc.

29. Isto é, Shakespeare.

tempo de Isabel à Atenas de Péricles e bem ver a situação de Shakespeare na história do drama europeu ou mundial. O crítico será certamente um intérprete, mas não tratará a arte como uma esfinge, falando por enigmas, sujeita a que qualquer um, de pés feridos e desconhecendo-lhe o nome, possa descobrir e revelar-lhe o fútil segredo;[30] ele a considerará antes como uma divindade, cujo papel é condensar o mistério e tornar mais maravilhosa a majestade.

E então, Ernesto, dar-se-á este fato estranho: o crítico será um intérprete, mas não no sentido de repetir sob uma outra forma uma mensagem confiada aos seus lábios. Com efeito, assim como a arte de um país só adquire pelo contato com a arte de nações estrangeiras essa vida individual, separada, que chamamos nacionalidade, do mesmo modo, por uma curiosa inversão, é somente tornando intensa a sua própria personalidade que o crítico pode interpretar a personalidade artística dos outros — e, quanto mais a sua entra na interpretação, tanto mais esta se mostra satisfatória, persuasiva e verdadeira.

ERNESTO. — A personalidade parecera antes um elemento de perturbação.

GILBERTO. — É, ao contrário, um elemento de revelação. Para compreender as outras, procure fazer intensa a sua individualidade.

ERNESTO. — Qual é, então, o resultado?

GILBERTO. — Eu lhe mostrarei melhor com exemplos. O crítico literário passa, certamente, a princípio, como possuidor da maior capacidade, das mais largas vistas, dos melhores materiais, mas cada uma das artes possui um crítico que, por assim dizer, lhe é destinado. O ator é o crítico do drama. Ele apresenta-nos a obra do poeta em novas condições e segundo um método

30. Alusão a Édipo.

particular; toma a palavra escrita, e o modo de representar, o gesto, a voz vêm a ser os meios da revelação. O cantor ou o tocador de alaúde são os críticos da música. O gravador de um quadro despe-o de suas belas cores, mas nos mostra, justamente com o emprego de novos materiais, as verdadeiras qualidades de seu colorido, seus tons, seus valores e a correlação de suas partes; apresenta-se-nos assim como o crítico, pois um crítico é aquele que nos mostra uma obra de arte sob forma diferente daquela da mesma obra — e o emprego de novos materiais constitui um elemento de crítica, tanto como de criação. A escultura também possui o seu crítico, que pode ser ou um cinzelador de pedras finas, como nos tempos helênicos, ou algum pintor que, tal como Mantegna, procure reproduzir na tela a beleza da linha plástica e a sinfônica majestade de um cortejo de baixo-relevo. E no caso de todos esses críticos criadores, a personalidade é absolutamente essencial para uma verdadeira interpretação. Não há nada mais evidente. Quando Rubinstein nos toca a *Sonata Appassionata* de Beethoven, ele nos dá não somente Beethoven, mas também parte de si mesmo; assim ele nos proporciona Beethoven, completamente — Beethoven reinterpretado por uma rica natureza artística e revivescente, esplêndido, graças a uma nova e intensa personalidade. Quando um grande ator representa Shakespeare, fazemos a mesma experiência. Sua própria personalidade corresponde a uma parte viva da interpretação. Diz-se, comumente, que os atores nos dão seus próprios Hamletos e não o de Shakespeare; e tal erro é repetido por esse gentil escritor que, recentemente, desertou do tumulto da literatura para a paz da Câmara dos Comuns. Quero referir-me ao autor de *Obiter Dicta*.[31] A dizer a verdade, não existe o Hamleto de Shakespeare. Se Hamleto

31. Augustine Birrell (1850-1933), liberal apaixonado. Autor de *Obiter Dicta* e de outros livros curiosos.

possui qualquer coisa do caráter determinado de uma obra de arte, ele guarda também toda a obscuridade da existência. Há tantos Hamletos quanto melancolias.

ERNESTO. — Tantos Hamletos quanto melancolias!

GILBERTO. — É verdade. E assim como a arte surge da personalidade, somente à personalidade pode ela ser revelada: deste recontro nasce a verdadeira crítica interpretativa.

ERNESTO. — Então, o crítico considerado como intérprete não dá menos do que recebe e empresta tanto quanto toma emprestado.

GILBERTO. — Ele sempre nos mostrará a obra de arte em nova relação com a nossa época; há de sempre lembrar-nos que as grandes obras de arte são coisas vivas — e mesmo, na verdade, as únicas coisas que vivem! Ele sentirá tão profundamente isso que, à medida que a civilização avançar e nos tornarmos mais brilhantemente organizados, os espíritos de cada época se interessarão cada vez menos pela vida real e buscarão *tirar quase todas as suas impressões daquilo que a arte houver tocado!* De resto, a vida é informe e suas catástrofes atingem de forma odiosa aos que menos as merecem. Há um horror grotesco em suas comédias e suas tragédias são uma grande farsa. Todos são inexoravelmente feridos, quando dela se aproximam. As coisas sempre ou duram muito tempo, ou não duram bastante.

ERNESTO. — Pobre vida! Pobre vida humana! Você não se enternece, pois, com essas lágrimas que, segundo o poeta romano, são uma parte de sua essência?

GILBERTO. — Elas me enternecem demais; até tenho medo! Pois, quando se lança um olhar retrospectivo sobre a vida que foi tão intensa, tão cheia de frescas emoções, que conheceu tais alegrias e tais êxtases, não parece tudo um sonho, uma ilusão? Quais são as coisas irreais, senão as paixões que outrora lhe arderam como fogo? As coisas incríveis, senão aquelas em que se acreditou ferventemente? As inverossímeis, senão aquelas que se praticaram? Não, Ernesto, a vida nos ilude com sombra, como um expositor de bonecos. Pedimos-lhe o prazer e ela nos fornece amargores e desapontamentos. Passamos por qualquer excelso desgosto que, acreditamos, vai dar aos nossos dias a verdadeira solenidade da tragédia, mas ele passa, sentimentos menos nobres o substituem e, por qualquer inane aurora obscura ou por qualquer silenciosa vigília, nos achamos contemplando com um espanto insensível, com um estúpido coração de pedra, alguma trança de ouro, outrora por nós tão ferinamente adorada, tão loucamente beijada!

ERNESTO. — Então, a vida é uma falência?

GILBERTO. — Sob o ponto de vista artístico, certamente. E a principal razão está em não se poder experimentar duas vezes, exatamente, a mesma emoção. Isso produz também a sua miserável segurança. Quão diferente é o mundo da arte! Veja, atrás de você, Ernesto, numa estante da biblioteca, essa *A divina comédia*; eu sei que, se abrir esse volume em uma certa página, odiarei ferozmente alguém que nunca me fez nada ou adorarei alguém que jamais hei de ver. Não há estados de alma ou paixões de qualquer espécie que a arte não possa proporcionar-nos, e aqueles dentre nós que descobriram o seu segredo podem estabelecer antecipadamente o que as suas experiências vão produzir. Escolhemos o nosso dia e a nossa hora. Podemos dizer-nos: "Amanhã, ao alvorecer, passearemos com o grave Virgílio no sombrio vale da morte." E acredite: a aurora nos encontrará na floresta obscura ao lado do poeta de Mântua! Aberta a porta da legenda fatal à esperança contemplamos, com alegria ou ternura, o horror de um outro mundo... Os hipócritas passam com seus semblantes pintados e seus capuzes de chumbo dourado. Dos ventos contínuos que os carregam, os luxuriosos nos contemplam e vemos os heréticos dilacerar as suas carnes, assim como o glutão que a chuva flagela. Partimos os ramos secos da árvore do bosque das Hárpias e cada galho sangra um verdadeiro sangue e grita. Com um corno de fogo, Ulisses nos fala, e quando o grande Gibelino se ergue do sepulcro em chamas, sentimos por um instante o orgulho que triunfa da tortura desse leito. Através do ar turvado e rubro, voam os que macularam o mundo com a beleza do seu pecado; ignobilmente enfermo, hidrópico, todo inchado, lembrando um alaúde monstruoso, jaz Adão de Brescia, o falsário. Ele pede-nos que ouçamos a sua miséria. Nós paramos e, com os lábios secos e entreabertos, ele nos diz que pensa noite e dia nos fios de água clara e fresca correndo pelas verdes colinas de Casento. Sínon, o mentiroso grego de Troia, dele escarnece; bate-lhe no rosto e brigam os dois. Fascinados por essa vergonha, nós nos retardamos até que Virgílio nos censura e nos conduz a essa cidade que os gigantes guarneceram de torres e onde o grande Nemrod sopra na sua buzina. Aí há, em abundância, terríveis coisas para nós — e vamos encontrá-las sob a veste do Dante e sentindo com o seu coração! Atravessamos os charcos do Styx e Argenti nada em direção à barca, rompendo as ondulações viscosas. Ele chama-nos e nós o repelimos. Sentimo-nos felizes por ouvir a voz de sua agonia e Virgílio enaltece o nosso amargo desdém. Pisamos o frio cristal do Cócito, onde os traidores mergulham como palhas em um copo. Nosso pé calca a cabeça de Bocco; ele não nos dirá seu nome e nós lhe arrancamos, aos punhados, os cabelos da cabeça vociferante. Alberico pede-nos que quebremos o espelho de encontro ao seu rosto, a fim de que ele possa chorar um pouco; prometemos fazê-lo e, depois de ele contar-nos a sua dolorosa história, negamos a promessa e passamos adiante. É uma cortesia essa crueldade! Nada é mais baixo do que revelar-se a misericórdia por um condenado de Deus! Nas mandíbulas de Lúcifer vemos o homem que vendeu o Cristo, e nas mandíbulas de Lúcifer, o homem que assassinou César. Estremecemos e partimos para tornar a ver as estrelas. No purgatório, o ar é mais livre e a santa montanha se eleva na pura luz do dia. Há ali mais paz para nós, assim como para os que aqui habitam algum tempo, embora, pálida do veneno do litoral, a Madona Pia passe diante de nós e lá vejamos Ismênia com a dor da terra ainda a envolvê-la. Uma após outra, as sombras fazem-nos partilhar o seu arrependimento ou a sua felicidade. Aquele, a quem o luto por sua esposa ensinou a sorver o doce absinto da mágoa, fala-nos de Nella orando em seu leito solitário, e nós aprendemos da boca de Buonconte como uma só lágrima pode salvar do demônio um pecador moribundo. Sordello, esse nobre e desdenhoso lombardo, olha-nos de longe, semelhante a um leão repousado. Quando sabe que Virgílio é um dos cidadãos de Mântua, atira-se ao seu pescoço; mas, quando reconhece nele o cantor de Roma, prostra-se a seus pés. Nesse vale, onde a erva e as flores são mais belas que a esmeralda rachada e o bosque indiano, mais brilhantes que o escarlate e a prata, são cantados os que no mundo foram reis; mas os lábios de Rodolfo de Habsbourg não se movem à música dos outros, Filipe da França bate no peito e Henrique da Inglaterra está assentado sozinho.

Nós continuamos, subimos a escadaria maravilhosa; as estrelas aumentam, a canção dos reis esmaece e eis as sete árvores de ouro e o jardim do Paraíso Terrestre. Em uma carriola puxada por um grifo aparece alguém, de louros na fronte, com um véu branco, um manto verde e uma clâmide cor de fogo. Desperta-se em nós a flama antiga. Nosso sangue se acelera, em pulsações terríveis. Reconhecemos a figura: é Beatriz, a mulher adorada. Funde-se o gelo do nosso coração. Derramamos lágrimas de angústia, curvamos até ao solo a nossa fronte, conscientes dos nossos pecados. Quando, para a penitência e a purificação, bebemos na nascente do Letes e banhamos o corpo na fonte de Eunói, a senhora de nossa alma nos transporta ao Paraíso Celeste.

Dessa pérola eterna, a Lua, inclina-se para nós o semblante de Piccarda Donati. Perturba-nos um instante a sua beleza e, quando ela desaparece, tal um objeto que mergulha na água, nós a buscamos com um olhar ardente. O doce planeta Vênus está repleto de amantes. Cunizza, a irmã de Ezzelino, a mulher do coração de Sordello, lá está, assim como Folco, o apaixonado cantor de Provença, cujo desgosto por causa de Azalais fez abandonar o mundo, e a cortesã de Cananeia,[32] cuja alma foi a primeira redimida pelo Cristo. Joaquim de Flora está no Sol; no Sol, Aquino relata a história de São Francisco e Boaventura, a história de São Domingos. Através dos rubis inflamados de Marte, aproxima-se Cacciaguida. Fala-nos da flecha desferida pelo arco do exilado; ah! quanto é salgado o pão de um outro e como parece penosa a escada na morada de um estrangeiro. Em Saturno, as almas não cantam nem ousa sorrir a do nosso guia. Por uma escada de ouro, as chamas se elevam e se apagam. Enfim contemplamos o espetáculo da Rosa Mística. Beatriz fixa os olhos na face de Deus, para nunca mais desviá-los dali. É-nos concedida a bem-aventurada visão; conhecemos esse Amor que move o sol e todas as estrelas...

Sim, podemos retardar a terra com as suas seiscentas voltas e não fazer senão uma com o grande florentino, ajoelhar-nos perante o seu altar e participar do seu desprezo e do seu entusiasmo! E se, cansados da antiguidade, desejamos sentir fortemente a nossa época, com toda a sua fadiga e todo o seu pecado, não bastarão os livros para fazer-nos viver mais em uma só hora do que a própria vida durante vinte anos vergonhosos? Temos em nossa mão esse volumezinho encadernado de couro verde-nilo, coberto de nenúfares de ouro e polido a

32. A cortesã Rahab, que abriu a Josué as portas de Jericó.

duro marfim. É o livro que adorava Gautier, é a obra-prima de Baudelaire. Abra-o nesse desolado madrigal que assim começa:

Que m'importe que tu sois sage,
Sois belle! et sois triste!

Você se sentirá adorador da mágoa, como nunca chegou a sê-lo da alegria. Continue a ler o poema sobre o homem que se tortura a si próprio, deixe a sua música sutil penetrar-lhe no cérebro, envolver os seus pensamentos, e você, por um momento, se tornará semelhante ao metrificador desses versos! Que digo? Não por um momento, mas durante noites e noites áridas e lunares, dias e dias estéreis e sem sóis, despertando-se em você um desespero estranho, com a miséria de outrem a pungir-lhe o coração. Que o livro lhe desvende um só dos seus segredos e o seu espírito terá ânsia de outros, provará o mel envenenado, quererá arrepender-se dos crimes de que é inocente e expiar terríveis prazeres que jamais conheceu...

E quando você enfastiar-se dessas flores do mal, procure as do jardim de Perdita;[33] nos seus cálices úmidos de orvalho refresque a fronte febril e que o seu encanto infinito o reanime e cure. Ou então desperte Meleagro, o doce sírio, no seu túmulo esquecido, e peça ao amante de Heliodora que lhe toque música, pois ele também tem flores na sua canção: rubros ramalhetes de romãs, lírios que cheiram a mirra, narcisos de colar, jacintos de azul sombrio, manjeronas e sinuosos pampilhos espinhosos! À noite, era-lhe grato o perfume do campo das favas, assim como os olores do nardo da Síria, do fresco tomilho verde e do lindo cálice-de-vinho![34] Os pés de sua amante, em passeio pelo jardim, pareciam lírios pisando lírios;

---

33. *Conto de inverno,* ato III, cena III (Shakespeare).
34. *Callirhoe involucrata* (Malvaceae).

a doçura de seus lábios era superior à das pétalas da dormideira e à das violetas, também não menos perfumosos do que elas. O açafrão pespontava dentre a erva para vê-la; para ela o débil narciso recolhia a chuva fria e por ela as anêmonas esqueciam a carícia dos ventos sicilianos. E nem o narciso, nem o açafrão, nem a anêmona eram tão belos como ela.

Coisa estranha essa transferência da emoção! Sofremos moléstias do poeta e o cantor nos empresta a sua pena. Lábios mortos conservam mensagens para nós e corações pulverizados nos comunicam a sua alegria. Nós nos precipitamos para beijar a boca ensanguentada de Fantina e seguimos Manon Lescaut pelo universo. Torna-se nossa a loucura amorosa do Tírio e nosso o terror de Orestes! Nenhuma voluptuosidade, nenhuma paixão que não possamos ressentir. E escolhemos o momento de ser iniciado como o da nossa libertação!... A vida! A vida! Não a busquemos para triunfar ou ensaiar! Ela é restringida pelas circunstâncias, de uma eloquência incoerente e sem essa adequação da forma e do espírito, que somente pode satisfazer um temperamento artístico e crítico. Ela vende tudo muito caro e nós compramos os mais mesquinhos dos seus segredos por um preço fabuloso e infinito.

ERNESTO. — Então, é preciso procurar-se a arte?

GILBERTO. — Sempre! Porquanto a arte nunca nos fere. Nossas lágrimas no teatro representam, tipicamente, as emoções singulares e estéreis que a arte tem por função despertar.

Nós choramos, mas não estamos feridos. Sentimos o pesar, mas ele não nos amarga. Na vida real do homem, o pesar, assim como Spinoza o disse algures, é uma passagem a uma menor perfeição. Mas, para citar ainda o grande crítico de arte dos gregos, a mágoa produzida pela arte nos purifica e nos inicia, ao mesmo tempo. É pela arte, e unicamente pela arte, que realizamos a nossa perfeição; é a arte, e somente ela, que nos preserva dos mil perigos da existência real. Isto resulta não somente do fato de não valer a pena realizar-se nada do que se possa imaginar, mas também da lei sutil que limita as forças emocionais, como as forças físicas, em extensão e energia. Pode-se sentir tanto e não mais. E como darmos apreço aos prazeres com que a vida nos tenta, ou à dor com que ela busca perturbar-nos e mutilar-nos, se encontramos o verdadeiro espetáculo da alegria nas vidas dos que jamais existiram e choramos pela morte dos que, como Cordélia[35] e a filha de Brabâncio,[36] jamais poderão morrer?

ERNESTO. — Um instante. Parece-me que em tudo o que você tem dito há alguma coisa de imoral...

GILBERTO. — Toda a arte é imoral!

ERNESTO. — Toda arte?

GILBERTO. — Sim. Porquanto a emoção pela emoção é o fim da arte, e a emoção para a ação é o fim da vida e dessa organização prática da vida, que chamamos sociedade. A sociedade, que é o começo e a base da moral, não existe senão para a concentração da energia humana; e, a fim de assegurar a sua própria duração e a sua sã estabilidade, ela pede a cada um dos seus cidadãos que contribua com qualquer labor produtivo para o comum bem-estar e desempenhe com fadiga a tarefa quotidiana. A sociedade esquece frequentemente o criminoso, mas nunca esquece o sonhador. As belas emoções estéreis, que a arte em nós excita, lhe são intoleráveis; e esse horrível ideal social domina tão completamente os homens, que eles não se envergonham de chegar-se a você, nas exposições privadas ou públicas, e de perguntar-lhe em voz estentórica: "Que fazeis?" No entanto, uma pessoa civilizada só deveria estar autorizada a dirigir a outra uma pergunta como esta: "Em que pensais?" Esses tipos honestos e radiosos possuem,

---

35. Personagem de *Rei Lear.*

36. Isto é, Desdêmona, heroína de *Otelo.*

certamente, as melhores intenções. Talvez por isso mesmo são eles tão importunos! Entretanto, alguém deveria ensinar-lhes que, se, na opinião da sociedade, a contemplação é a falta mais grave que possa cometer um cidadão, na opinião das pessoas cultivadas é a única ocupação que convém ao homem.

ERNESTO. — A contemplação?

GILBERTO. — A contemplação! Eu recentemente lhe disse que é muito mais difícil falar de uma coisa do que fazê-la. Deixe-me acrescentar que nada fazer, absolutamente, é o que há no mundo de mais difícil e de mais intelectual. Platão, com a sua paixão pela sabedoria, considerava isso a mais nobre forma de energia. Para Aristóteles, apaixonado pela ciência, era também a mais nobre forma de energia. A ela é que, com o seu próprio amor da santidade, eram conduzidos os santos e místicos da Idade Média.

ERNESTO. — Então existimos para nada fazer.

GILBERTO. — O eleito, ao menos, existe para nada fazer. A ação é limitada e relativa. O ilimitado e o absoluto são a visão daquele que se assenta à vontade e observa, ou que marcha na solidão e sonha. Nascidos, porém, no fim desta idade maravilhosa, somos, a um só tempo, muito cultos e muito críticos, muito intelectualmente sutis e muito curiosos de estranhos prazeres, para aceitarmos, em troca da vida, especulações sobre a vida. Para nós, a *città divina* não tem cor e *o fruitio Dei* é sem significação.

Os nossos temperamentos não se satisfazem com a metafísica e o êxtase religioso é antiquado. O mundo, onde o filósofo acadêmico se transforma no "espectador de todas as épocas e de todas as existências", não é um mundo ideal, mas um mundo de ideias abstratas. Nós nele penetramos só para perecer de frio entre as glaciais matemáticas do pensamento. As vias da cidade de Deus não nos são mais abertas agora. A ignorância guarda as suas portas e, para transpô-las, precisamos abandonar tudo o que há de divino em nós. É *bastante* que nossos pais chegaram a crer. Eles esgotaram a faculdade de crer da raça e legaram-nos o ceticismo que os atemorizava: se o houvessem produzido em palavras, ele não existiria em nós como pensamento! Não, Ernesto, nós não podemos voltar aos santos; há muito mais vantagem em aprender dos pecadores. Não podemos, muito menos, voltar aos filósofos, e os místicos nos transviariam. Assim, como Mr. Pater disse algures, quem, pois, consentiria em trocar a vergôntea de uma simples rosa com esse ser intangível e sem forma que Platão tanto prezava? Que nos adiantam a Iluminação de Filo, o Abismo de Eckhart, a Visão de Böhme, o próprio Céu monstruoso, tal como se revelou aos olhos cegos de Swedenborg? Tais coisas nos importam menos que a trompa amarela do narciso dos campos, menos que as mais baixas das artes visíveis, porquanto, assim como a natureza é a matéria esforçando-se por adquirir uma alma, arte é a alma que se exprime nas condições da matéria; e assim, mesmo nas suas mais baixas manifestações, ela se comunica igualmente aos sentidos e ao espírito. O vago sempre repugna ao temperamento estético. Os gregos formavam uma nação de artistas porque lhes foi poupada a noção do infinito. Tal como Goethe, depois de haver estudado Kant, nós desejamos o concreto e só o concreto pode satisfazer-nos.

ERNESTO. — Então, que propõe você?

GILBERTO. — Parece-me que, com o desenvolvimento do espírito crítico, poderemos enfim compreender direito não somente as nossas vidas pessoais, mas ainda a vida coletiva da raça, e assim nos tornarmos absolutamente modernos, segundo a verdadeira significação da palavra *modernidade.* Pois aquele para quem o presente consiste exclusivamente no que é presente, nada sabe da sua época! Para compreender o século XIX, é necessário compreender cada um dos séculos que o precederam e contribuíram para a sua formação. Nada é possível conhecer de si sem saber tudo dos outros. Não deve haver humor com o qual não se possa simpatizar, nem gênero morto de vida que não possa ser ressuscitado. É impossível? Não o creio. Revelando-nos o mecanismo absoluto de toda ação e livrando-nos do fardo embaraçante das responsabilidades morais que nos havíamos imposto, o científico princípio da herança tornou-se, por assim dizer, a garantia da vida contemplativa. Ele nos mostra que nunca somos menos livres do que quando tentamos agir; envolveu-nos com o laço do caçador e escreveu o nosso destino nas paredes. Não podemos vigiá-lo porque ele está em nós; não podemos vê-lo senão em um espelho que reflete a alma. É Nêmesis sem a sua máscara; é a última das Parcas e a mais terrível; é o único dos deuses de que conhecemos o verdadeiro nome.

Entretanto, enquanto, na vida externa e prática, ele arrebatou, fantasma terrível, à energia a sua liberdade e à atividade o seu livre discernimento, na vida subjetiva em que trabalha o espírito, ele vem ao nosso encontro com numerosos dons nas mãos; temperamentos esquisitos e suscetibilidades sutis, ardores ferozes e glaciais indiferenças, pensamentos complexos e multiformes, que se contradizem, e paixões que se combatem em si mesmas. E assim não vivemos a nossa vida, mas a vida dos mortos; nosso espírito não é uma sorte de entidade constituindo a nossa pessoa, a nossa individualidade, criada para nós e que recebemos para nossa alegria. É qualquer coisa que habitou lugares horrendos, antigas sepulturas, sujeita a numerosas moléstias e conservando a lembrança de curiosos pecados. E, para nosso amargor, essa qualquer coisa sabe mais do que nós; enche-nos de desejos irrealizáveis e nos força a perseguir o inatingível.

Pode, todavia, prestar-nos um serviço, Ernesto: conduzir-nos para longe de círculos onde a beleza é vulgar e onde a fealdade e as miseráveis pretensões ameaçam prejudicar o nosso desenvolvimento. Pode ajudar-nos a fugir da nossa época e a passar a outras, sem nos sentirmos exilados na sua atmosfera; pode ensinar-nos a escapar à nossa experiência e a conhecer as de seres maiores que nós. A dor de Leopardi vociferando contra a vida torna-se a nossa; Teócrito sopra na sua avena e nós nos rimos com os lábios das ninfas e dos pastores. Na pele de lobo de Vidal, fugimos diante da matilha, e com a armadura de Lancelot, afastamo-nos, a cavalo, do gabinete da rainha. Sob o capuz de Abelardo, murmuramos o segredo do nosso amor e sob a enxovalhada vestimenta de Villon traduzimos em canção o nosso opróbrio. Podemos contemplar a aurora com os olhos de Shelley, e a Lua enamora-se da nossa mocidade quando vagamos com Endimião. A angústia de Átis é a nossa, como a raiva impotente e as nobres mágoas do dinamarquês. Acredita você que a imaginação é que nos faz capazes de viver essas inúmeras vidas? Sim, é a imaginação — e a imaginação é resultante da herança. É simplesmente, concentrada, a experiência da raça.

ERNESTO. — Mas onde está, em tudo isso, a função do espírito crítico?

GILBERTO. — A cultura que essa transmissão das experiências da raça torna possível não pode ser aperfeiçoada senão pelo espírito crítico. Ela forma com ele um só espírito. O verdadeiro crítico não é o que traz consigo os sonhos, as ideias, os sentimentos de miríades de gerações e ao qual não parece estranha qualquer forma de pensamento, nem emoção alguma obscura? O verdadeiro "cultivado" não é aquele cujo fino saber e as desdenhosas repulsas formaram o instinto consciente e inteligente... aquele que pode separar a obra valorosa da vulgar e, assim, por contato e comparação, tornar-se mestre dos segredos de estilo e de escolas, compreendendo as suas significações e ouvindo as suas vozes... aquele que possui essa curiosidade desinteressada, verdadeira raiz como verdadeira flor da vida intelectual, que assim atinge a lucidez cerebral e que, conhecendo "o que é sabido e pensado de melhor no universo", vive (não há quimera em dizê-lo) com os imortais?... Sim, Ernesto: a vida contemplativa, cujo fim é não *agir*, mas *ser*, e não *ser* somente, mas *vir a ser* — o espírito crítico é que no-la dá. Os deuses vivem assim; ou meditam sobre a sua perfeição, como nos afirma Aristóteles, ou então, segundo imagina Epicuro, observam com os olhos calmos de espectadores a tragicomédia do mundo que criaram. Poderemos viver como eles e observar, com as emoções apropriadas, as cenas diversas oferecidas pela natureza e o homem!... Poderemos espiritualizar-nos, fugindo da ação, e tornar-nos perfeitos, rejeitando toda energia!... Muitas vezes pensei haver Browning sentido qualquer coisa disso. Shakespeare atira Hamleto na vida ativa e faz com que ele realize a sua missão pelo *esforço*. Browning poderia dar-nos um Hamleto realizando a sua missão pelo *pensamento*. Os incidentes, os sucessos eram para ele irreais e sem significação. Ele fez do espírito o protagonista da tragédia da vida e considerou a ação como o elemento menos dramático de uma peça. Para nós, em todo caso, a *ΒΙΟΣ ΘΕΩΡΗΤΙΚΟΣ*[37] é o verdadeiro ideal. Da alta torre do pensamento, podemos observar o universo. Calmo, metido consigo mesmo, completo, o crítico esteta contempla a vida e nenhuma flecha lançada ao acaso pode penetrar nas articulações da sua armadura. Ele ao menos está seguro. Descobriu como viver. Um tal gênero de vida é imoral? Sim, todas as artes são imorais, salvo essas espécies inferiores de arte sensual ou didática, que procuram excitar à ação boa ou má. E a ação, seja qual for, pertence à ética. O fim da arte é simplesmente criar estados de alma.

Um tal gênero de vida não é prático? Ah! é mais difícil ser imprático do que os filisteus o imaginam! Infelizmente para

37. Vida teórica. Vida contemplativa.

a Inglaterra! Nenhum país, tanto como ela, tem necessidade de indivíduos impráticos. Entre nós, o pensamento é constantemente degradado pela sua associação com a prática. Quem, pois, entre os que se agitam no tumulto e esforço da existência real, ruidoso político ou socialista gritador, ou pobre padre de espírito acanhado, cego pelos sofrimentos do seu canto obscuro na sociedade; sim, quem pode seriamente dizer-se capaz de um julgamento intelectual desinteressado sobre qualquer coisa? Toda profissão acarreta prejuízos. A necessidade de seguir uma carreira obriga cada um a tomar o seu partido. Nós vivemos em uma época de homens carregados de trabalho e sem bastante educação, de homens tão laboriosos que acabam absolutamente estúpidos. Parecerá severo, mas eu não posso impedir-me de dizer que tais homens merecem o seu destino. O meio certo de nada saber da vida está em tentar a gente fazer-se útil.

ERNESTO. — Encantadora doutrina, Gilberto!

GILBERTO. — Se ela é encantadora, eu não sei, mas tem o mérito menor de ser verdadeira. O desejo de melhorar os outros produz uma colheita considerável de pedantes é o menor dos males. O pedante oferece um interessante estudo psicológico; e, embora, dentre todas as atitudes, uma atitude moral seja a mais nociva, manter uma atitude é sempre alguma coisa. É reconhecer formalmente a importância de tratar da vida sob um ponto de vista definido e arrazoado. A Simpatia Humanitária combate a Natureza, protegendo a sobrevivência no insucesso, e isto faz o homem de ciência desgostar-se de suas virtudes fáceis. O economista político condena-a porque ela coloca o imprevidente na mesma situação do previdente e porque priva a vida do mais forte, porque mais sórdido, incentivo ao trabalho. Mas, aos olhos do pensador, essa simpatia emocional é sobretudo funesta porque limita o saber e assim nos impede de resolver qualquer problema social. Tentamos agora repelir a crise próxima, "a iminente revolução", como dizem meus amigos, os fabianistas, com distribuições e esmolas. E ela nos achará impotentes por sermos ignorantes. Não nos enganemos, Ernesto, a Inglaterra jamais será civilizada, enquanto não se anexar a Utopia. Ela abandonaria com vantagem, por esta bela região, mais de uma colônia. Precisamos de gente imprática que veja além das horas e pense fora da época. Os que procuram conduzir o povo só poderão aí chegar seguindo a populaça... É à voz de alguém que clama no deserto que se preparam os caminhos dos deuses!

Talvez você pense que observar e contemplar, pelo simples prazer de observar e contemplar, comporte algum egoísmo. Se você assim pensa, não o confesse! Divinizar o sacrifício seduz uma época tão egoística quanto a nossa. E como ela é também cúpida, coloca acima das belas qualidades intelectuais essas baixas virtudes, todas de emoção, que lhe trazem um benefício imediato. Erram também o seu alvo esses filantropos e sentimentais de agora que estão sempre a pregar a alguém o dever perante o vizinho. Pois ou o desenvolvimento da raça depende do desenvolvimento do indivíduo, ou o cultivo de si próprio deixa de ser o ideal, o nível intelectual declina e perde-se afinal.

Se você encontrar-se jantando com um homem que tenha levado a sua existência a educar-se — tipo raro, atualmente, mas, às vezes, descobrível —, você se erguerá da mesa mais rico e com a consciência de que um ato ideal tocou e santificou um instante os seus dias. Mas, meu caro Ernesto, assentar-se a gente em frente a um homem que gastou sua vida a querer educar os outros! Que terrível aventura! E quão temerosa é essa ignorância que provoca fatalmente o costume de comunicar a outrem as próprias opiniões! Como o espírito de tal ser mostra-se reduzido! Como ele nos fatiga e deve fatigar-se a reiterar e a repetir-se ineptamente! Como lhe falta o mínimo elemento de progresso intelectual! Em que círculo vicioso volteia!

ERNESTO. — Você fala com uma singular expressão, Gilberto! Você teria passado recentemente por essa terrível aventura, como diz?

GILBERTO. — Poucos dentre nós têm escapado... Dizem que o mestre-escola desaparece. Prouvera a Deus que fosse verdade!... Mas o tipo, do qual ele não é mais que um representante e um dos menores, parece realmente dominar as nossas vidas; e, assim como o filantropo é a peste da ética, a peste da intelectualidade é o senhor tão preocupado com a educação alheia, que não teve sobras de tempo para cuidar um pouco da sua. Não, Ernesto, a cultura de si próprio constitui o verdadeiro ideal do homem. Goethe o compreendeu e, por isto, nós lhe devemos mais do que a nenhum outro homem, desde os tempos gregos. Pois os gregos também já o haviam percebido: deixaram em herança ao pensamento moderno a concepção da vida contemplativa e o método de crítica, o único que a ela nos leva. É graças a ela que a Renascença foi grande, que nasceram as humanidades e que poderia também ser grande a nossa época; a real fraqueza da Inglaterra consiste não em armamentos incompletos ou costas mal fortificadas, não na pobreza arrastando-se pelas vielas sem sol, nem na bebedeira a vozear em pátios nojentos, mas simplesmente em alimentar ideais emocionais e não intelectuais. Não nego que o ideal intelectual seja difícil de alcançar e ainda menos que ele seja, como o será por muitos anos ainda, impopular no seio da turba... É tão fácil entre os homens guardar simpatia pelo sofrimento e tão difícil dedicá-la ao pensamento! As pessoas ordinárias concebem tão pouco o valor real do pensamento que, quando dizem ser perigosa uma teoria, imaginam tê-la condenado, embora sejam somente essas teorias que possuem algum valor intelectual. Uma ideia sem perigo é indigna de ser uma ideia.

ERNESTO. — Gilberto, você me desorienta. Disse que é tudo essencialmente imoral. Virá agora dizer-me que todo pensamento é essencialmente perigoso?

GILBERTO. — Certamente, sob o ponto de vista prático, assim é. A segurança da sociedade repousa no hábito e no inconsciente instinto, e, a considerá-la como um organismo em bom estado, a base da sua estabilidade é uma completa ausência de inteligência em todo os seus membros. Na sua maioria, os indivíduos compreendem isso tão bem que tomam naturalmente partido por esse esplêndido sistema que os eleva à dignidade de máquinas e irritam-se contra toda intrusão da faculdade intelectual em quaisquer questões concernentes à vida. E assim pode definir-se o homem: um animal racional que nunca chega a agir conforme a razão.

Deixemos, porém, a esfera da prática e não falemos mais desses péssimos filantropos, é preciso abandoná-los à misericórdia de Chuang-Tsu, o sábio de olhos amendoados do rio Amarelo, que provou serem esses importunos bem-intencionados e nocivos os destruidores da virtude simples, espontânea e natural do homem. É um assunto fatigante. Voltemos ao ponto em que a crítica é livre.

ERNESTO. — Na esfera da inteligência.

GILBERTO. — Sim. Lembre-se das minhas palavras: o crítico é criador como o artista, cuja obra pode ter apenas o mérito de sugerir ao crítico um novo estado de pensamento, de sentimento, que materializará em forma igual ou talvez superior em distinção, que tornará diversamente belo e mais perfeito, graças a um novo meio de expressão. Mas você pareceu-me um pouco cético diante desta nova teoria! Não é?

ERNESTO. — Com efeito, estranho que uma obra criadora, como a que o crítico produz segundo a sua descrição, seja puramente subjetiva quando toda grande obra é sempre objetiva, sim, objetiva e impessoal.

GILBERTO. — Entre uma obra objetiva e uma obra subjetiva, a diferença é apenas externa, acidental e nada essencial. Toda criação artística é absolutamente subjetiva. A paisagem que Corot avistava não era mais, como ele disse, senão um estado de sua alma; e essas grandes figuras do drama inglês ou grego, que parecem possuir uma existência pessoal e independente dos poetas que as modelaram, são, em última análise, os próprios poetas, simplesmente, não tais como eles acreditavam sê-lo, mas tais como não se supunham e tais como, assim pensando, eram um instante! De fato, não podemos sair de nós mesmos e não pode haver na criação o que não existia no criador. Creio mesmo que, quanto mais uma criação nos parece objetiva, tanto mais ela é, na realidade, subjetiva. Shakespeare podia ter encontrado Rosencrantz e Guildenstern[38] nas ruas brancas de Londres e visto os criados das casas rivais trocarem injúrias na praça pública; mas Hamleto saiu de sua alma e Romeu nasceu da sua paixão. Eram elementos de sua natureza, aos quais deu ele formas visíveis, impulsões que se agitavam tão violentamente em si, que foi, por assim dizer, forçado a deixá-los expandir sua energia, não na ordem inferior da vida real, onde teriam sido constrangidos, mas no plano imaginativo da arte, onde o amor pode achar na morte o seu rico complemento, onde se pode apunhalar, através da armação, o escutador das portas, bater-se sobre um túmulo novo, fazer um rei culpado sugar a sua própria ferida e ver o espírito de seu pai errar majestosamente, sob os fracos clarões da lua, carregado da armadura, de um a outro baluarte nevoento. A ação, sendo limitada, não teria permitido a Shakespeare exprimir-se e contentar-se; e, assim como pode tudo terminar porque nada fez, é por nunca falar de si em suas peças que elas no-lo revelam tão completamente, que elas nos

38. Personagens de *Hamleto*.

mostram a sua verdadeira natureza bem mais a fundo que esses curiosos sonetos em que ele descobria, para olhos límpidos, o segredo de seu coração. Sim, a forma objetiva é, na realidade, a mais subjetiva. O homem fala menos de si quando fala por sua conta. Dê-lhe uma máscara e ele dirá a verdade.

ERNESTO. — Então o crítico, limitado à forma subjetiva, poderá exprimir-se menos plenamente que o artista, que sempre tem à sua disposição a forma impessoal e a objetiva.

GILBERTO. — Não necessariamente. E não, absolutamente, se reconhece que todo gênero de crítica é, no seu mais alto desenvolvimento, um simples estado de alma, e que nós nunca somos mais sinceros com nós mesmos do que quando nos fazemos inconsistentes! O crítico esteta, unicamente fiel ao princípio de beleza geral, procurará sempre impressões novas, tomando das diversas escolas o segredo do seu encanto, talvez inclinando-se diante de altares estrangeiros e sorrindo, conforme a sua fantasia, a novos deuses estranhos. O que outras pessoas chamam o passado de alguém tem, sem dúvida, alguma coisa a ver com elas, mas nada, absolutamente, com esse alguém. O homem que se ocupa com o seu passado é indigno de um futuro. Quando se encontra uma expressão para um estado de alma, é porque se acabou com ele... Você ri? Mas fique sabendo que é a verdade! Ontem, o Realismo nos encantava. Sentia-se com ele esse novo estremecimento que tinha por fim produzir. Era analisado, era explicado e dele nos fartávamos. Ao pôr do sol, surgiram os *Luministas* em pintura, os *Simbolistas* em poesia e o espírito medieval, esse espírito pertencente não à época, mas ao temperamento, despertou subitamente na Rússia, comovendo-nos, durante certo tempo, pela terrível fascinação da dor. Hoje, o clamor é pelo romance, já as folhas farfalham no vale e pelos cumes acesos das colinas marcha a Beleza com seus esbeltos pés dourados. As velhas modas de criação certamente se retardam. Os artistas se reproduzem, uns aos outros, fastidiosamente. A crítica, porém, avança e o crítico progride sempre.

O crítico não está realmente limitado à forma subjetiva de expressão. O método do drama pertence-lhe, assim como o da epopeia. Ele pode empregar o diálogo, como aquele que fez falar Milton a Marvel sobre a natureza da comédia e da tragédia e fez Sidney discorrer com lorde Brooke sob os carvalhos de Penshurst. Pode adotar a narração, como gosta de fazer Mr. Pater; cada um dos seus *Retratos imaginários* — não é este o título do livro? — apresenta-nos, à guisa de ficção, um belo e curioso trecho de crítica, um sobre o pintor Watteau, outro sobre a filosofia de Spinoza, ou sobre os elementos pagãos de princípios da Renascença e o último, talvez o mais sugestivo, sobre a origem desta *Aufklärung*, essa iluminação nascida na Alemanha do último século e à qual tanto deve a intelectualidade moderna. Certamente, o diálogo, essa maravilhosa forma literária que, de Platão a Luciano, de Luciano a Giordano Bruno e de Bruno a esse velho grande pagão que tanto deslumbrava Carlyle,[39] os críticos criadores sempre empregaram, jamais perde, como meio de expressão, o seu atrativo para o pensador. Graças ao diálogo, o crítico pode revelar-se ou ocultar-se, dar uma forma a toda fantasia e realidade a qualquer estado de alma. Graças a ele, pode o crítico exibir o assunto ao redor e sob todos os aspectos, como um escultor nos mostra as imagens, conseguindo assim toda a riqueza e toda a realidade de efeito, provindas desse ladeamento sugerido pela marcha da ideia central, que mais aclara esta própria ideia, ou dessas felizes

---

39. Thomas Carlyle (1795-1881), célebre historiador. Escreveu sobre a *História da Revolução Francesa*, sobre *Os heróis e o seu culto* etc. e sobre a filosofia do vestuário no seu *Sartor Resartus*. O "velho grande pagão" é sem dúvida o filósofo J.-P. Richter.

segundas miras que completam o tema central e acrescentam ainda um pouco do encanto delicado do acaso.

ERNESTO. — Graças ao diálogo, pode o crítico inventar um antagonista imaginário e convertê-lo quando quiser por sofismas absurdos!

GILBERTO. — Ah! é tão fácil converter os outros e tão difícil converter a si próprio! Para chegar-se àquilo em que se crê deve-se falar com lábios diferentes dos seus. Para conhecer a verdade é preciso imaginar milhares de mentiras. Pois o que é a verdade? Em matéria religiosa, simplesmente a opinião que sobreviveu. Em matéria científica, a última sensação. Em arte, o último estado de alma de alguém. E você agora vê, meu caro Ernesto, que o crítico dispõe de tantas formas objetivas de expressão quanto o próprio artista. Ruskin faz a sua crítica em prosa imaginativa e brilha nas suas contradições e transformações; Browning faz a sua em versos brancos e expõe seus segredos ao poeta e ao pintor; Renan emprega o diálogo, Pater a ficção e Rossetti traduzia em música de sonetos a cor de Giorgione e o desenho de Ingres, o seu próprio desenho e a sua cor também, sentindo, com o instinto de quem possui muitas maneiras de exprimir-se, que a arte suprema é a literatura e que o meio mais belo e mais completo é o das palavras.

ERNESTO. — Bem. Agora que você estabeleceu que o crítico dispõe de todas as formas objetivas, poderá dizer-me quais são as qualidades características do verdadeiro crítico?

GILBERTO. — No seu entender, quais são elas?

ERNESTO. — Ora essa! Eu penso que um crítico deve ser, sobretudo, imparcial!

GILBERTO. — Ah, não! nunca imparcial! Um crítico não pode ser imparcial no sentido ordinário do vocábulo. Não se podem emitir opiniões imparciais senão sobre as coisas que não interessam; é sem dúvida por isso que as opiniões imparciais são sempre sem valor. O que vê as duas faces de uma questão nada vê, absolutamente. A arte é uma paixão e, em matéria de arte, o pensamento deve colorir-se, inevitavelmente, de emoção; o pensamento é fluido e não coalhado; e, dependendo de belos estados de alma e singulares momentaneidades, não pode restringir-se na rigidez de uma fórmula científica ou de um dogma teológico. É à alma que fala a arte — e a alma pode ser prisioneira da mente, assim como do corpo. Naturalmente, não se deveria ter prevenções; mas, como observara, há um século, um grande francês, é conveniência de cada um alimentar preferências, e quando se as alimentam, deixa-se de ser imparcial! Para admirar igualmente e imparcialmente todas as escolas artísticas, só há os agentes de leilões! Não: a imparcialidade não é uma das qualidades do verdadeiro crítico, nem mesmo uma das condições da crítica. Cada forma de arte com a qual andamos em contato nos domina então, com exclusão de qualquer outra. Devemos, para lhe obter o segredo, abandonar-nos inteiramente à obra, seja ela qual for. E, durante esse tempo, não podemos e não devemos pensar em nenhuma outra.

ERNESTO. — Em todo caso, o crítico será razoável, não é?

GILBERTO. — Razoável?... Há duas maneiras de não amar a arte. A primeira consiste em não amá-la, a segunda em amá-la de maneira racional... Pois a arte, assim como o verificou Platão, e não sem desgosto, produz no espectador e no ouvinte uma loucura divina. Ela não nasce da inspiração, mas inspira os outros. A razão não é a faculdade que ela procura. Amando-se deveras a arte, deve-se amá-la acima de tudo no mundo, e a razão, se fosse ouvida, vociferaria contra um tal amor! Não há nada de são no culto da beleza. É esplêndido demais para ser são. Os indivíduos que têm nele a sua vida parecem habitar sempre o mundo de puros visionários.

ERNESTO. — Mas, ao menos, será sincero o crítico?

GILBERTO. — Pouca sinceridade é perigoso; muita sinceridade é fatal! Naturalmente, o verdadeiro crítico será sempre sincero na sua devoção ao princípio da beleza, mas procurará a beleza em todas as épocas e em todas as escolas e não se limitará jamais a velhas maneiras de pensar, a maneiras *estereotipadas* de ver as coisas. Ele revestirá inúmeras formas e terá sempre a curiosidade de novas sensações e aspectos novos. E através das mutações perpétuas — e somente assim — que ele encontrará sua unidade. Não consentirá em tornar-se escravo de suas próprias opiniões. Pois, o que é o espírito senão o movimento na intelectualidade? A essência do pensamento, como a essência da vida, é o movimento... Não se assuste com as palavras, Ernesto; o que os homens chamam "falta de sinceridade" não é senão um método para multiplicar a personalidade.

ERNESTO. — Sou bem pouco feliz nas minhas sugestões.

GILBERTO. — Das três qualidades que você menciona, duas, a sinceridade e a imparcialidade, se não são absolutamente da alçada da moral, quase o são, e o crítico deve reconhecer antes de tudo que a esfera da arte e da ética são inteiramente distintas e separadas. Quando se confundem, o caos recomeça. Na Inglaterra, são hoje muito confundidas e, embora os nossos puritanos modernos não possam destruir uma bela coisa, entretanto, com o seu extraordinário prurido, quase conseguem emporcalhar, por momentos, a beleza. É sobretudo no jornalismo, sinto constatá-lo, que essa gente se manifesta. Eu o deploro porque há muito a dizer em favor do jornalismo moderno. Fornecendo-nos a opinião dos tipos incultos, ele nos mantém em contato com a ignorância da sociedade. Relatando com cuidado os acontecimentos correntes da vida contemporânea, ele nos expõe a sua ínfima importância. Discutindo invariavelmente o inútil, ele nos faz compreender o que é necessário à cultura intelectual e o que deixa de sê-lo. Mas não deveria permitir ao pobre Tartufo escrever artigos sobre a arte moderna. Quando o permite, contribui para o seu próprio embrutecimento. Entretanto, os artigos de Tartufo e as notas de

Chadband[40] fazem, ao menos, este bem: servem para mostrar quão limitado é o campo em que a ética e as considerações éticas podem pretender exercer influência. A ciência está fora do alcance da moralidade, porquanto seus filhos contemplam as verdades eternas. A arte está fora do alcance da moralidade, porquanto seus olhos contemplam coisas belas, imperecíveis e renovadas sem cessar. Só estão ao seu alcance as esferas mais baixas e as menos intelectuais.

Deixemos, portanto, passarem esses grulhas puritanos; eles têm o seu lado cômico. Quem deixará de rir quando um jornalista ordinário propõe seriamente limitar o número dos assuntos de que dispõe o artista? Aos nossos jornais e aos nossos jornalistas é que uma tal limitação deveria ser imposta cedo! Eles nos referem os fatos desprezíveis, sórdidos, repelentes da vida. Relatam com uma avidez degradante os pecados de segunda ordem e fornecem-nos, com a consciência dos iletrados, detalhes precisos e prosaicos sobre sujeitos completamente despidos de interesse. Mas ao artista que aceita os fatos da vida e, não obstante, os transforma em figuras de graça, em emoções de terror ou piedade, que nos mostra sua cor e seu prodígio, assim como sua legítima importância ética, e que edifica, longe de outros, um mundo mais real que a própria realidade e de interesse muito mais nobre — ao artista, quem lhe imporá limites? Nunca os apóstolos desse novo jornalismo, que não passa da velha vulgaridade "escrita"! Nunca os apóstolos desse novo puritanismo, tão mal escrito quão mal falado, que é apenas o grunhido dos hipócritas! A simples suposição já é ridícula!... Deixemos essas más figuras e continuemos a discutir as qualidades artísticas necessárias ao verdadeiro crítico.

ERNESTO. — E quais são elas? Diga-me...

---

40. Personagem de Dickens.

GILBERTO. — O temperamento, antes de tudo. Um temperamento especialmente sensível à beleza e às suas diversas impressões. Em que condições e como esse temperamento brota na raça ou no indivíduo? Não o discutiremos aqui. Notemos somente que existe em nós uma concepção da beleza, distinta dos outros sentidos e superior a eles, distinta da razão e de um mais nobre alcance, distinta da alma e de valor igual — uma sensação que incita uns a criarem e outros, na minha opinião, os mais delicados, à simples contemplação.

Tal sensação, porém, não se depura, não se aperfeiçoa senão em um círculo restrito; fora, ou perece ou se embota. Você deve lembrar-se dessa adorável passagem de Platão, em que ele descreve como um jovem grego deve ser educado e em que tanto insiste sobre a importância dos círculos de educação; recomenda a criação da criança entre belos sons e belos aspectos, a fim de que o esplendor das coisas materiais prepare sua alma para acolher o esplendor espiritual. Insensivelmente e sem que ele duvide, nele se desenvolverá esse real amor da beleza que — Platão não deixa de lembrar-nos — é o verdadeiro escopo da educação. Pouco a pouco, nele se formará um temperamento natural, singelo, que o incitará a escolher o bem, a rejeitar o que é vulgar e discordante e a seguir, por um fino gosto instintivo, tudo quanto possui a graça, o encanto e a beleza. Em seguida, esse gosto torna-se consciente e crítico, mas a princípio não passa de um instinto encaminhado, e "aquele que recebeu essa verdadeira cultura interior percebe lucidamente, seguramente, as omissões e as faltas da arte ou da natureza. Com um gosto infalível, enquanto louva e ama o bem, e o acolhe em sua alma, tornando-se bom e nobre, condena e odeia o mal desde a sua juventude e antes de saber raciocinar". Mais tarde, quando o espírito crítico e consciente nele se desenvolve, "saúda-o como a um amigo de quem a educação o tornou familiar".

Não preciso indicar, Ernesto, quanto, na Inglaterra, estamos longe desse estado. Que riso na radiosa face do filisteu, se alguém se aventurasse a insinuar que a verdadeira mira da educação é o amor da beleza e que os melhores métodos de educação são a cultura do temperamento, o desenvolvimento do gosto e a criação do espírito crítico!

Entretanto, sempre nos fica algum encanto do nosso âmbito; pouco importa a imbecilidade dos professores, quando podemos vadiar nos escuros claustros de Magdalen[41] e ouvir alguma voz aguda na capela de Waynfleet, ou estender-nos nos verdes prados entre as boninas pintalgadas, enquanto o meio-dia cheio de Sol inflama o ouro das flâmulas da torre, ou errar pelos degraus da igreja do Cristo, sob as sombrias ogivas da abóbada, ou passar sob o portal esculpido do prédio de Laud, no colégio de São João!

Não é somente em Oxford ou Cambridge que o sentimento do belo pode ser formado, enlevado, aperfeiçoado. Em toda a Inglaterra existe uma renascença das artes decorativas. A fealdade teve o seu tempo. Constata-se o gosto mesmo na morada dos ricos e as casas dos pobres têm se tornado graciosas, agradáveis e cômodas à habitação. Caliban, o pobre tumultuoso Caliban, imagina que qualquer coisa deixa de existir quando ele cessa de fazer-lhe esgares. Quando, porém, não mais moteja, é por ter-se-lhe deparado uma zombaria mais fina e mais áspera que a sua, fazendo-o recolher-se a esse silêncio em que deveriam conservar-se indefinidamente selados os seus mesquinhos beiços retorcidos! Já se apurou a rota, e ali está sobretudo, até agora, em que consiste a tarefa realizada. Destruir é sempre mais difícil que criar, mas, quando se trata de destruir a vulgaridade ou a tolice, essa tarefa requer não somente coragem, mas

---

41. Magdalen College (Oxford).

também desprezo. Isso parece-me, no entanto, ter sido praticado em parte, pois já nos sentimos desembaraçados do que não prestava. Resta-nos edificar o que é belo. A missão do desenvolvimento estético é a do incitamento à contemplação e não à criação; mas, como o instinto criador é violento no celta e o celta guia a arte, não há razão para que, no futuro, esta estranha renascença não se torne quase tão poderosa como a que foi despertada, há séculos, nas cidades da Itália.

Para a cultura do temperamento, devemos procurar as artes decorativas, as artes que nos impressionam, mais do que aquelas que nos ensinam. As pinturas modernas — algumas, ao menos — são, decerto, deliciosas à vista, mas é impossível entretê-las junto a nós. Elas são muito hábeis, muito afirmativas, muito intelectuais. Sua significação é demasiado evidente e a sua maneira é precisa em excesso. Esgota-se rapidamente o que elas têm a revelar — e então se tornam fastidiosas como os parentes... Estimo muito as obras de numerosos pintores impressionistas de Paris ou de Londres. A sutileza e a distinção não abandonaram ainda essa escola. Algumas das suas combinações e harmonias relembram a inigualável beleza da imortal *Symphonie en Blanc Majeur*, de Gautier, essa perfeita obra-prima de música, de cor, que talvez sugeriu o gênero, assim como os títulos, de seus melhores quadros.

E para acolher os incapazes com uma simpática solicitude, confundir o estranho com o belo e a vulgaridade com a verdade, eles são perfeitos! Suas águas-fortes têm o brilho de epigramas, seus pastéis fascinam como paradoxos e, quanto a seus retratos, apesar de não o dizerem as pessoas comuns, eles possuem inegavelmente esse atrativo único, maravilhoso, só pertencente às obras de pura ficção. Mas os Impressionistas mesmo, sérios e assíduos como são, não correspondem ao nosso fim. Eu os aprecio. A sua tonalidade branca, acompanhada de variações lilases, formou uma era na cor. Embora o momento não produza o homem, produz certamente os impressionistas, e o que não se poderá dizer do momento em arte e do "monumento do momento", segundo a expressão de Rossetti? Eles são sugestivos também. Se não abriram os olhos aos cegos, ao menos deram grande incitamento aos míopes e, enquanto os seus chefes guardam toda a inexperiência da idade avançada, os moços são bastante atilados para nunca terem bom senso. Assim, persistem em tratar a pintura como um gênero de autobiografia para iletrados e em nos expor sobre telas grosseiras as suas inúteis figuras e inúteis opiniões; assim estragam, por uma ênfase vulgar, esse belo desprezo da natureza, que é o seu melhor e mais modesto mérito. Tem-se a fadiga, ao fim, da obra de indivíduos cujas individualidades são geralmente sem interesse e sempre ruidosas.

Há muito mais a dizer em favor dessa nova escola parisiense, os *Arcaístas*, como se intitulam, que recusam deixar o artista à mercê do tempo, não assentam o ideal em simples efeitos atmosféricos e buscam sobretudo a beleza imaginativa do desenho atrativo da bela cor. Rejeitando o molesto realismo dos que pintam somente o que enxergam, eles procuram ver qualquer coisa que valha a pena ser vista, e vê-la não somente com a vista real e física, mas com essa mais nobre vista da alma, que é de uma extensão espiritual e de uma intenção artística muito mais vastas. Em todo caso, trabalham, nessas condições decorativas que requer toda arte, e possuem um instinto estético suficiente para deplorar esses limites sórdidos e parvos, impostos pela absoluta modernidade de forma e que causaram a ruína de tantos Impressionistas.

A arte claramente decorativa é aquela, portanto, com que se deve viver. É a única das artes visíveis que cria em nós o estado de alma momentâneo e o temperamento. A simples cor, que não enodoa significação alguma e não está ligada a forma alguma definida, pode falar de mil formas à alma. A harmonia, que reside em proporções graciosas de linhas e de massas, reflete-se no espírito. As repetições do motivo nos dão repouso. As maravilhas do desenho excitam a imaginação. Na própria graça dos materiais empregados, há elementos latentes de cultura. E ainda não é tudo. Pela sua rejeição deliberada da natureza, como ideal de beleza, e do método imitativo dos pintores ordinários, a arte decorativa não somente prepara a alma para recolher as verdadeiras obras imaginativas, mas nela desenvolve o *sentido da forma*, esta base de toda empresa criadora ou crítica. O artista real é o que vai, não do sentimento à forma, mas da forma ao pensamento e à paixão. Ele não concebe, a princípio, uma ideia para dizer-se a si próprio — "Vou acomodar a minha ideia em uma medida complexa de quatorze linhas"; mas, conhecendo a beleza métrica do soneto, concebe certos tons de melodia e maneiras rítmicas — e a própria forma lhe sugere o necessário para preenchê-la e torná-la intelectualmente e emocionalmente completa. Às vezes, o mundo vozeia contra algum fascinante e artístico poeta, para usar a velha frase tola: "Ele nada tem a dizer." Se tivesse, porém, qualquer coisa a dizer, provavelmente o diria, e o resultado seria enfadonho. É justamente por não ter nenhuma nova mensagem que lhe é possível fazer uma bela obra. Tira a sua inspiração da forma, e apenas desta, como deve fazê-lo um artista. Uma verdadeira paixão o perderia. O que sucede realmente não serve mais à arte. Toda a má poesia provém de sentimentos verdadeiros. Ser natural é ser óbvio, isto é, inartístico.

ERNESTO. — Tenho a curiosidade de saber se você pensa deveras o que diz!

GILBERTO. — Por quê?... Não é somente na arte que o corpo é alma! Em todas as esferas da vida, a forma é o começo das coisas! Os gestos rítmicos, tão harmoniosos, da dança fazem penetrar — Platão no-lo afirma — a harmonia e o ritmo no espírito. "As formas são o alimento da fé!", exclamava Newman em um desses grandes momentos de sinceridade que nos fizeram admirar e conhecer o homem. Ele tinha razão, embora ignorasse quão terrivelmente tinha razão. Os credos são aceitos, não pelo seu valor, mas porque são repetidos! Sim, a forma é tudo. É o segredo da vida. Descubra para um desgosto uma expressão, e ele se lhe tornará prezado; descubra uma expressão para uma alegria, e o seu êxtase aumentará. Deseja você amar? Empregue as litanias do amor, e as palavras criarão o arrojo de onde se imagina que elas nascem. Alguma dor lhe corrói o coração? Tempere-o na linguagem da mágoa, aprenda a sua eloquência com o príncipe Hamleto ou a rainha Constância, e você verá que a simples expressão é uma maneira de consolar-se, e que esta forma, que dá nascimento à paixão, é também a morte da dor!

Assim, para voltar à arte, a forma cria não somente o temperamento crítico, mas também o instinto estético, este infalível instinto que revela tudo em condições de beleza. Conserve o culto da forma e os segredos da arte lhe serão revelados! Lembre-se de que na criação o temperamento é tudo e de que a história agrupará as escolas de arte, não conforme a respectiva época, mas conforme os temperamentos aos quais satisfizerem.

ERNESTO. — Deliciosa a sua teoria sobre a educação. Mas, que influência a sua crítica elevada possuirá nesses insólitos ambientes?... Pensa você, realmente, que a crítica toca os artistas?

GILBERTO. — Existir somente constituirá a influência do crítico. Ele representará o "tipo" sem falhas. A cultura do século nele se realizará. Você não deve exigir-lhe outra mira senão a sua própria perfeição. A inteligência requer somente, como bem já se disse, sentir-se viva. Certamente, o crítico pode desejar exercer influência; neste caso, ele não deve ocupar-se dos indivíduos, mas da época, que procurará despertar à consciência, excitar, criando-lhe desejos e novos apetites, comunicando-lhe a sua visão mais larga e os seus estados de alma mais nobres. A arte de hoje o ocupará menos que a arte de amanhã e muito menos que a arte de ontem — e quanto a esta ou àquela pessoa que tanto trabalha hoje, que importam os laboriosos? Eles fazem o melhor que podem e, em consequência, deles obtemos o pior. As piores obras sempre se fabricam com as melhores intenções. Além disso, meu caro Ernesto, quando um homem atinge a quarentena, faz parte da Academia ou do *Atheneum Club*, ou ainda, é tido como romancista popular, vê seus livros cada vez mais procurados nas estações suburbanas de vias-férreas. Poderão divertir-se a ridicularizá-lo, mas não a reformá-lo. Impossibilidade bem feliz para ele, pois a reforma é muito mais penível do que uma punição; ela é mesmo uma punição na sua forma agravada e moral, o que explica o nosso inteiro insucesso querendo, enquanto sociedade, reformar esse interessante fenômeno chamado criminoso antigo.

ERNESTO. — O poeta não é, porém, em poesia, o melhor juiz, e o pintor, em pintura? Cada arte deve requerer, primeiro, o artista de que ela constitui a carreira. O julgamento deste, certo, será o melhor!

GILBERTO. — A arte dirige-se a todo temperamento sensível e não ao especialista. Ela se pretende universal e *uma* em todas as suas manifestações. O próprio artista é tão pouco o melhor juiz em arte, que um artista realmente grande nunca pode julgar as obras dos outros, e dificilmente a sua. Mesmo esta concentração de visão, que faz de um homem um artista, nele limita, por sua extrema intensidade, a faculdade de apreciar. A energia criadora precipita-o em seu alvo pessoal. As rodas de seu carro levantam-lhe em volta uma nuvem. Os deuses estão ocultos uns dos outros. Podem reconhecer os seus fiéis. É tudo.

ERNESTO. — Diz você que um grande artista não pode sentir a beleza de obras diferentes da sua?

GILBERTO. — Isso lhe é impossível. Wordsworth não viu no *Endimião*[42] mais que uma pequena peça de paganismo; Shelley, com a sua aversão pela atividade, não tinha atenção para Wordsworth, cuja forma o repelia, e Byron, esse grande humano apaixonado e incompleto, não apreciava nem o poeta da nuvem, nem o do lago,[43] nem esse maravilhoso Keats. Sófocles detestava o realismo de Eurípedes; esta fonte de lágrimas ferventes não tinha música para ele. Milton, com o seu senso do grande estilo, nada compreendia da maneira de Shakespeare, como também sucedia com sir Joshua ante o de Gainsborough.[44] Os artistas inferiores, estes admiram reciprocamente as suas obras e tomam o fato como prova da própria largueza de intelecto e de superioridade ao preconceito. Um verdadeiro grande artista, porém, jamais compreenderá que a vida possa ser exposta, ou a beleza confeccionada em condições diversas daquelas escolhidas por si. A criação emprega toda a sua faculdade de crítica em sua própria esfera, e dela não pode servir-se na esfera dos outros. É justamente por não poder um homem criar uma coisa, que ele lhe serve de bom julgador.

ERNESTO. — Você pensa realmente isso?

GILBERTO. — Certamente! A criação limita a visão, enquanto a contemplação a alarga.

ERNESTO. — Que diz, porém, da técnica? Cada arte possui a sua técnica separada?

GILBERTO. — Sim, cada arte possui a sua gramática e os seus materiais. Não há mistério algum nem em uma, nem nas outras; os incapazes podem sempre ser corretos. Mas, enquanto as leis sobre que a arte repousa estão fixas e certas, para achar a aplicação verdadeira devem elas ser alçadas pela imaginação

42. Obra principal de Keats.
43. Isto é, nem Shelley, nem Wordsworth.
44. Retratistas célebres e rivais.

a um tal esplendor que cada uma pareça excepcional. A técnica é a personalidade. Aí está por que o artista não pode ensiná-la, por que o discípulo não pode adquiri-la e por que o crítico de arte pode compreendê-la!... Para o grande poeta só existe um método de música: é o seu. Para o grande pintor há uma única maneira de pintar: é a sua. O crítico de arte, e somente o crítico de arte, pode apreciar todas as formas e todos os sistemas. É para ele que a arte apela.

ERNESTO. — Creio ter-lhe feito todas as minhas perguntas. E agora devo admitir...

GILBERTO. — Ah! não diga que está de acordo comigo. Quando as pessoas estão de acordo comigo, entendo que não devo andar direito...

ERNESTO. — Neste caso, não lhe direi se penso ou não como você. Far-lhe-ei, porém, uma outra pergunta. Explicou-me você que a crítica é uma arte criadora. Qual é o seu futuro?

GILBERTO. — O futuro pertence à crítica. Os assuntos de que dispõe a criação tornam-se cada vez mais raros em extensão e variedade: a providência e Mr. Walter Besant esgotaram os fáceis. Se a arte criadora durar, isto se dará somente com a condição de tornar-se muito mais "crítica" do que presentemente. Têm-se percorrido muito as velhas estradas e os extensos caminhos poeirentos; os pés assíduos apagaram aí todo o atrativo e eles perderam esse elemento de novidade ou de surpresa tão essencial ao romance. Para comover-nos agora pela ficção, é preciso ou dar-nos um fundo absolutamente novo, ou revelar-nos a alma do homem até aos seus circuitos mais secretos.

Mr. Rudyard Kipling preenche, no momento, a primeira obrigação. Quando se percorrem as páginas dos seus *Contos simples das colinas*, acredita-se estar sentado sob uma palmeira, estudando a vida, segundo alguns soberbos aspectos de sua vulgaridade. As brilhantes cores dos bazares deslumbram os olhos; os anglo-indianos de segunda ordem são excentricamente incongruentes com o local em que se encontram. E mesmo a falta de estilo do novelista dá ao que ele nos diz um singular realismo jornalístico. Mr. Kipling é, sob o ponto de vista literário, um gênio que deixa tombar as suas letras aspiradas. Sob o ponto de vista da vida, é um repórter que conhece a vulgaridade melhor do que ninguém jamais a conheceu. Dickens sabia os vestuários e a comédia; Mr. Kipling sabe a essência e a gravidade. É nossa primeira autoridade de segunda ordem; contemplou coisas maravilhosas pelo buraco da fechadura e seus planos de fundo são verdadeiras obras de arte.

Para a segunda condição, tivemos Browning e Meredith. Mas ainda resta muito a fazer sob o ponto de vista do exame de si. Os homens dizem, às vezes, que a ficção se torna atualmente muito mórbida. Quanto mais se ocupam de psicologia, tanto mais entendem que, ao contrário, esta nunca é bastante mórbida. Não tocamos senão a superfície da alma, e isso é tudo. Uma só das células ebúrneas do cérebro contém coisas mais terríveis e maravilhosas do que não sonharam os que — tal o autor d'*O rubro e o negro* — quiseram penetrar até aos últimos refolhos da alma e fazer a vida confessar os seus mais caros pecados. Assim, o número de "fundos" desensaiados tem limites e poderia ser também que um maior desenvolvimento do exame de si fosse fatal a essa faculdade criadora, que ele procura abastecer de materiais novos. Inclino-me a crer que a criação está condenada. Ela provém de uma impulsão muito primitiva, muito natural. Em todo o caso, é certo que os motivos de que dispõe a arte criadora vão sempre diminuindo, enquanto os da crítica aumentam continuamente. Há sempre novas atitudes para o espírito e novos pontos de vista. O dever de impor forma ao caos não diminui, enquanto o mundo avança. Em nenhuma época a crítica foi mais necessária do que hoje. Exclusivamente por ela, a humanidade pode ter consciência do ponto a que chegou.

Há horas, Ernesto, você me perguntava a utilidade da crítica. Isso fazia-me indagar da utilidade do pensamento. É a crítica, assim como Arnold o demonstrou, que cria a atmosfera intelectual de toda época. É a crítica, tal como eu próprio espero estabelecer um dia, que faz do espírito um instrumento afinado. Com o nosso sistema de educação, sobrecarregamos a memória de uma porção de fatos sem vínculos e procuramos laboriosamente comunicar o nosso saber laboriosamente adquirido. Ensinamos os homens a se lembrarem e nunca a se desenvolverem. Nunca nos acontece tentar fazer brotar no espírito uma qualidade mais sutil de compreensão e de discernimento. Os gregos não se descuidavam disso e, quando nos pomos em contato com o seu espírito crítico, vemos que, se em matéria de assuntos somos maiores e mais variados, o seu método é o único pelo qual um assunto possa ser interpretado. A Inglaterra fez uma coisa! Inventou e estabeleceu a opinião pública, que é um ensaio da organização da ignorância da sociedade, para elevá-la à dignidade de força física. A sua sabedoria, porém, permanece sempre oculta. Enquanto instrumento de pensamento, o espírito inglês é grosseiro e restrito. Só o progresso do instinto crítico pode purificá-lo.

É ainda a crítica que, por concentração, torna possível a cultura intelectual. Ela toma o embaraçoso montão de obras criadoras e o destila em essência mais delicada. Quem pois, dotado de um certo senso da forma, se debateria através dos livros monstruosamente abundantes que o mundo produziu, entre os quais tartamudeia o pensamento e a ignorância vocifera? O fio que nos guiará no fastidioso labirinto está nas mãos da crítica.

Melhor: aí, onde não há documentos, onde a história perdeu-se, ou melhor, nunca existiu, a crítica pode reconstituir o passado para nós, tão certamente como o homem de ciência pode, com um osso minúsculo ou a simples impressão de um pé sobre uma rocha, reconstituir o dragão alado ou o lagarto titã que, outrora, com seus passos abalava a terra, atrair Behemot fora de sua caverna e fazer ainda uma vez Leviatã nadar através do mar assombrado. A pré-história pertence ao crítico filológico e arqueológico. É a ele que a origem das coisas é revelada. Os arquivos conscientes de um século iludem quase sempre. Graças à crítica filológica, conhecemos melhor os séculos, dos quais não se conservou documento algum, que aqueles que nos deixaram seus rolos de pergaminho. Ela pode fazer-nos aquilo de que são incapazes as ciências físicas ou metafísicas. Ela nos dá a ciência exata do espírito, no curso de seu desenvolvimento. Ela é bem mais generosa do que a história. Ela nos diz o que o homem pensava antes de saber escrever.

Você interrogou-me sobre a influência da crítica. Creio que já lhe respondi a essa pergunta; mas há ainda isto a dizer. É ela que nos faz cosmopolitas. A escola de Manchester tentou realizar entre os homens a fraternidade humana, mostrando-lhes as vantagens comerciais da paz. Procurava envilecer este maravilhoso mundo, reduzindo-o a um mercado vulgar para o comprador e o vendedor; ela dirigia-se aos mais baixos instintos e foi nulo o seu sucesso. Seguiram-se as guerras e o credo do mercador não impediu que a França e a Alemanha se chocassem em sanguinolentas batalhas.

Outros, em nossa época, recorrem às puras simpatias emocionais ou aos dogmas fúteis de qualquer vago sistema de ética abstrata. Possuem as suas "Sociedades para a Paz", tão caras aos sentimentais, e suas propostas em favor de uma Arbitragem Internacional e desarmada, tão popular entre os que nunca leram a história.

Mas a simpatia emocional sempre fracassará; é muito variável e ligada às paixões. Quanto a um conselho de árbitros que, para o bem-estar geral da raça, não pode deter o poder na execução de suas decisões, seria perfeitamente inútil. Não há senão uma coisa pior que a Injustiça. É a Justiça sem espada na mão. Quando o direito não é a força, é o mal.

Não: nem as emoções, nem a aspereza do ganho nos tornarão cosmopolitas; nós não seremos superiores aos prejuízos de raça senão pelo hábito da crítica intelectual. Goethe — não se engane sobre o que estou dizendo — era um alemão entre os alemães. Amava sua pátria como nenhum o poderia mais. Entretanto, quando o pé de ferro de Napoleão pisava as vinhas e os trigos, seus lábios ficavam silenciosos. "Como se pode escrever cantos de ódio sem odiar?" — dizia ele a Eckerman — "e como poderia eu odiar uma das nações mais cultas do mundo e a que eu devo uma tão grande parte da minha cultura pessoal?" Esta nota, que Goethe foi o primeiro a fazer ecoar no mundo, tornar-se-á o ponto de partida do internacionalismo futuro. A crítica aniquilará os prejuízos de raças, insistindo pela unidade do espírito humano na variedade de suas formas. Se nos tentar fazer uma guerra a uma outra nação, lembraremos de que será querer destruir um elemento de nossa própria cultura, talvez o principal. E enquanto a guerra for considerada maléfica, guardará a sua fascinação. Quando a julgarem vulgar, cessará a sua popularidade. A modificação certamente será lenta e os homens não terão dela consciência. Eles não dirão: "Não combatemos a França porque a sua prosa é perfeita"; mas: por ser perfeita a prosa francesa, eles não odiarão a França.

O criticismo intelectual ligará a Europa com laços diversos daqueles do vendeiro ou do sentimental. Ele nos dará a paz proveniente da compreensão.

E não é tudo. É a crítica que, não reconhecendo princípio algum como definitivo, e fugindo de se deixar prender por fúteis *shibboleths* desta ou daquela seita ou escola, cria esse temperamento filosófico sereno, apaixonado da verdade por si mesma e talvez, sobretudo, porque a sabe inatingível. Como esse caráter é raro entre nós e como dele temos necessidade!

O espírito inglês está sempre furioso. O intelecto da raça se desperdiça nas miseráveis e estúpidas contendas de políticos de segundo plano e teólogos de terceira ordem. Estava reservado a um homem de ciência mostrar-nos o supremo exemplo dessa "doce moderação" de que tão sabiamente nos falou Arnold e, ah!, para tão pequeno resultado! O autor da *Origem das espécies* tinha, em todo caso, o espírito filosófico. Se se consideram as cátedras e as tribunas inglesas, só se pode sentir o desprezo de Juliano, o Apóstata, ou a indiferença de Montaigne. O fanático — cujo maior vício é a sinceridade — nos domina. Tudo o que diz respeito ao livre jogo do espírito é praticamente desconhecido entre nós. Os homens esbravejam contra o pecador, quando a nossa vergonha não é ele, mas, sim, o imbecil. Não há pecado algum, salvo a tolice.

ERNESTO. — Ah! que revoltado você se mostra.

GILBERTO. — O crítico de arte, como o místico, é sempre um revoltado. Ser bom, segundo o ordinário ideal de bondade? Nada mais fácil! Isso exige simplesmente uma certa soma de vil fraqueza, uma certa falta de imaginação e uma certa baixa paixão pela "*respectability*" da classe média. A estética é mais elevada que a ética; pertence a uma esfera mais intelectual. Discernir a beleza das coisas, eis o mais alto ponto que possamos atingir. O próprio sentimento da cor importa mais, no desenvolvimento do indivíduo, que o sentimento do bem e do mal! Com efeito, a estética é para a ética, na esfera da civilização consciente, o que na esfera do mundo externo é o sexo para a seleção natural. A ética, como a seleção natural, torna possível a existência. A estética, como a seleção sexual, torna a vida adorável e maravilhosa, enche-a de formas novas, de progresso, de variedade, de mutação. E, atingindo a verdadeira cultura, nosso fim, atingimos a essa perfeição sonhada pelos santos, perfeição daqueles nos quais é impossível o pecado, não porque se sacrifiquem como o asceta, mas porque podem fazer tudo o que querem sem prejudicar a alma e não poderiam nada querer que pudesse ser-lhe nocivo; pois a alma, esta entidade divina, pode transformar em elementos de uma mais larga experiência, ou de uma mais delicada sensibilidade, ou de um novo modo de pensamento, atos ou paixões que, com gente comum seriam comuns, ou ignóbeis com gente sem educação, ou vis com os vis...

É perigoso? Sim — todas as ideias o são, eu já lhe disse... Mas a noite se fatiga e a luz vacila na lâmpada!... Contudo, ainda há alguma coisa que não posso deixar de dizer-lhe. Você acusou a crítica de esterilidade. Ora, o século XIX é uma guinada da história, simplesmente devido à obra de dois homens, Darwin e Renan, críticos, um do Livro da Natureza, outro dos livros de Deus! Não compreendê-los seria desconhecer a significação de uma das eras mais importantes da marcha do mundo. A criação está sempre atrasada da época. É a crítica que nos guia. O espírito de crítica e o espírito do universo formam apenas um.

ERNESTO. — E aquele que possui esse espírito, ou a quem esse espírito possui, nada fará, suponho?

GILBERTO. — Como a Perséfone que Landor[45] evoca, a doce e pensativa Perséfone, cujos pés brancos são rodeados de amarantos e asfódelos em flor, ele se conservará, satisfeito, "nesta imobilidade profunda, impassível, que provoca a piedade dos mortais e de que gozam os deuses". Ele contemplará profundamente o mundo e conhecerá o seu segredo. Pelo contato com as coisas divinas, tornar-se-á divino. Sua vida, exclusivamente, será a vida perfeita.

ERNESTO. — Disseste muitas coisas estranhas esta noite, Gilberto!... Disseste que é mais difícil falar de uma coisa do que fazê-la, e que, afinal, nada fazer é decerto o que o universo

---

45. Walter Savage Landor (1775-1864), poeta e prosador; autor de *Imaginárias conversações*.

contém de mais difícil; disseste que toda arte é imoral e todo pensamento perigoso, que a crítica é mais criadora que a criação e que, na sua mais alta forma, ela revela na obra de arte o que o artista nesta não pôs, que é justamente por não poder um homem fazer uma coisa que ele é o juiz conveniente; e que o verdadeiro crítico é parcial, sem sinceridade e sem razão. Meu amigo, és um sonhador!

GILBERTO. — Sim: eu sou um sonhador, porquanto um sonhador é o que só encontra o seu caminho à luz da lua e que, como punição, percebe a aurora antes dos outros homens.

ERNESTO. — Como punição?

GILBERTO. — E como recompensa. Mas, olha, é já a alva! Puxa as cortinas e abre largamente as janelas. Como o ar da manhã é fresco! Piccadilly estende-se aos nossos pés como uma longa fita de prata. Uma leve neblina purpurada flutua sobre o parque e as sombras das casas brancas aparecem avermelhadas. É muito tarde para dormir. Desçamos a Covent Garden, a ver as rosas. Estou cansado de pensar.

A VERDADE DAS MÁSCARAS

NOTÍCIA SOBRE A ILUSÃO

Atacando violentamente esse esplendor de encenação que hoje caracteriza os festivais shakespearianos na Inglaterra, os críticos mostraram supor que Shakespeare era mais ou menos indiferente às vestes dos atores e que, se pudesse ver as representações de *Antônio e Cleópatra* de Mrs. Langtry, diria ser a peça, a peça unicamente, o que importava, não passando o resto de couros e estofos. Ao mesmo tempo, a propósito da exatidão histórica dos trajes, lorde Lytton estabelecia como dogma de arte que a arqueologia está absolutamente deslocada em qualquer peça shakespeariana, e que a tentativa de aí introduzi-la constitui um dos mais estúpidos pedantismos desta época de peralvilhos.

Examinarei mais adiante a situação de lorde Lytton;[1] quanto à teoria que apresenta Shakespeare superficialmente atento ao guarda-roupa de seu teatro, não importa aos que podem constatar, estudando com cuidado o método de Shakespeare, que

---

1. Lorde Lytton (1831-1891), filho de lorde Bulwer; foi embaixador em Paris; amador em literatura.

nenhum dramaturgo francês, inglês ou ateniense chegasse a ocupar-se, tanto quanto ele, dos efeitos ilusionistas dos vestuários.

Como ele bem sabia que a beleza da roupagem sempre fascina os temperamentos artísticos, introduziu constantemente em suas peças mascaradas e bailados, pelo simples prazer que proporcionam à vista. Possuem-se ainda as suas indicações de encenação para as três grandes procissões de *Henrique VIII*; são caracterizadas por uma extraordinária perfeição de detalhe, levada até às golas em forma de *ss* e às pérolas trazidas nos cabelos por Ana Bolena. Um diretor moderno poderia reproduzir tais aparatos exatamente como os quis Shakespeare; e eles eram tão exatos que um dos oficiais da Corte, narrando a um amigo a última representação da peça no Teatro do Globo, lamentou a sua realidade, notadamente o aparecimento em cena dos cavaleiros da Jarreteira, com vestes e insígnias da ordem, calculada, pensa ele, para ridicularizar a verdadeira cerimônia. Com o mesmo espírito o governo francês, há algum tempo, proibiu ao delicioso ator Mr. Christian que aparecesse uniformizado em cena, pretextando que a caricatura de um coronel poderia prejudicar a glória do exército francês.

Afinal, essa suntuosidade que distinguia, sob a influência shakespeariana, o palco da Inglaterra, foi atacada pelos críticos contemporâneos, não, em geral, no terreno das tendências democráticas do realismo, mas no terreno da moralidade — último refúgio dos que não possuem o mínimo senso estético.

Eu desejaria sobretudo mostrar, não que Shakespeare apreciava o valor das belas vestiduras, que acrescentam pitoresco à poesia, mas que ele compreendeu a importância da roupa como meio de produzir certos efeitos dramáticos.

A ilusão de muitas de suas peças, tais como *Medida por medida*, a *Duodécima noite*, os *Dois gentis-homens de Verona*, *Tudo é bom quando acaba bem*, *Cimbelino* e outras, depende de várias vestimentas trazidas pelo herói ou a heroína. A esplêndida cena de *Henrique VI* sobre o milagre moderno da cura pela fé perde toda a sua mordacidade se Gloucester não aparece de negro e escarlate; e o desfecho das *Alegres comadres de Windsor* passa-se sobre a cor do vestido de Anna Page. Quanto aos disfarces empregados por Shakespeare, os exemplos são inúmeros. Póstumo oculta a sua paixão sob os trajes de um camponês, e Edgar o seu orgulho sob os farrapos de um idiota; Pórcia usa os distintivos de um homem da lei e Rosalinda veste-se "de alto a baixo como um homem"; graças ao saco de viagem de Pisânio, Imogênia torna-se o jovem Fidélis; Jéssica foge da casa paterna vestida como um rapaz; Júlia prende seus cabelos em fantásticos caracóis pela fronte, revestindo os calções e o gibão. Henrique VIII conquista o coração de sua mulher sob o aspecto de pastor e Romeu, como peregrino. O príncipe Hal e Poins aparecem a princípio como caminheiros envoltos em tecido grosso, depois, com aventais brancos e coletes de couro, como serviçais de taverna; quanto a Falstaff, não é sucessivamente um salteador de estradas, uma mulher velha, Herne, o Caçador e uma trouxa de panos em caminho do lavadouro?

Não são menos numerosos os exemplos de vestuários servindo para aumentar a intensidade da situação dramática. Depois do assassínio de Duncan, Macbeth aparece em camisa de dormir, como se, no momento, houvesse despertado. Timon acaba coberto de andrajos a peça que inicia no esplendor. Ricardo bajula os londrinos, revestido de uma armadura gasta e medíocre; subindo, através do sangue, até ao trono, passeia pelas ruas coroado, com o São Jorge e a Jarreteira. O ponto culminante da *Tempestade* é quando Próspero, despindo a sua clâmide de mago, faz Ariel buscar o chapéu e o espadeirão e se revela grão-duque italiano. O próprio espectro de *Hamleto* muda o seu aparato místico para produzir efeitos diferentes. Quanto à Julieta, um autor dramático moderno sem dúvida tê-la-ia deixado em sua mortalha e a cena só seria de horrores, mas Shakespeare a paramenta de vestimentas faustosas, cuja magnificência faz do túmulo "uma sala festiva cheia de luz", transforma a sepultura em quarto nupcial e dá a Romeu a réplica e o motivo de sua tirada sobre a Beleza triunfando da morte.

Os detalhes de vestimenta mesmo, como a cor das meias de um mordomo, o desenho de um lenço de esposa, a manga de um novo soldado, os chapéus de uma dama na moda, adquirem nas mãos de Shakespeare uma real importância dramática e ligam-se absolutamente à ação.

Muitos outros autores dramáticos utilizaram o vestuário como meio de exprimir o caráter de um personagem, desde a sua entrada em cena, embora menos brilhantemente que Shakespeare, fazendo-o com o dândi Parolles, cuja casaca, seja dito de passagem, só pode ser compreendida por um arqueólogo. A jocosidade de um patrão e um criado trocando as roupas em público, de marinheiros náufragos brigando pela partilha de uma porção de belas roupas, ou ainda de um caldeireiro vestido de duque durante a sua bebedeira — pode ser considerada uma parte deste grande papel que o vestuário sempre teve na comédia, desde o tempo de Aristófanes até ao de Mr. Gilbert; mas ninguém jamais soube tirar como Shakespeare, de simples minúcias de vestes e de ornatos efeitos tão trágicos e imediatos, uma tal ironia de contraste, um tal pesar e um tal patético. Armado da cabeça aos pés, o rei morto avança majestosamente sobre os baluartes de Elsinore, porque nem tudo está bem na Dinamarca. A casaca judaica de Shylock faz parte do deslustre, sob o qual sofre esta natureza ferida e sombria. Arthur, pedindo por sua vida, pensa — e era o melhor pretexto! — no lenço dado por ele a Hubert:

> *Tendes coração? Quando a cabeça vos dota tanto, envolvi em meu lenço vossa fronte, no melhor, no que uma princesa me fizera e nunca mais pedi que mo restituísse!*

O lenço manchado do sangue de Orlando lança a primeira nota sombria nesse esquisito idílio agreste e mostra-nos que profundeza de sentimento se alia ao espírito fantasista e à persistente jocosidade de Rosalinda.

"Esta noite, tinha-o no braço. Beijei-o. Espero que ele não diga a meu senhor que beijo um outro, além dele!" — diz Imogênia, gracejando sobre a perda desse bracelete que, já em caminho para Roma, lhe tomará a confiança de seu marido. O principezinho, enquanto caminha para a Torre, brinca com o punhal do cinturão de seu tio. Duncan envia um anel a lady Macbeth na noite de seu próprio assassinato. O anel de Pórcia transforma a tragédia do mercador em uma comédia de esposa. York, o grande rebelde, morre com uma coroa de papel na cabeça. O hábito negro de Hamleto é o *leitmotiv* de cor da peça, como o luto de Ximena no *Cid*. A exibição do manto de César é o ponto culminante do discurso de Antônio:

> *Lembro-me da primeira vez em que César o vestiu; foi numa noite de verão, em sua tenda, na noite desse dia em que ele derrotou os nervianos. Vede: neste ponto atravessou o cutelo de Cassius. Vede que rasgo aqui fez o invejoso Casca; foi através deste outro que Brutus o apunhalou... Boas almas, já chorais quando vedes apenas a roupa rasgada do nosso César!*

As folhas que traz Ofélia são tão patéticas como violetas florindo em um túmulo. O efeito de Lear vagando entre as urzes torna-se intenso, além da expressão, pelo seu fantástico vestuário. E quando Cloten, ofendido pelo sarcasmo da comparação que sua irmã faz das vestes de seu marido, se enfia nestas mesmas vestes para cometer contra ela seu vergonhoso atentado, sentimos que nada, em todo o moderno realismo francês, mesmo em *Thérèse Raquin*, esta obra-prima de horror, atinge a terrível intensidade trágica da estranha cena de *Cimbelino*.

No diálogo, também, algumas das mais vivas passagens são as que sugerem a vestimenta; entre os numerosos exemplos citáveis, estão o que diz Rosalinda:

Acreditais que, embora vestida de homem, eu conserve em meu caráter um jaleco e calções?

O que diz Constança:

O pesar ocupa o lugar de meu filho ausente, enchendo com sua forma as suas roupas vazias.

E a breve exclamação aguda de Isabel:

Ah! cortai os laços de meu colete!

Salvini[2] produzia, no último ato de *Lear*, um dos mais belos efeitos cênicos: arrancava do chapéu de Kent uma pena e aproximava-a dos lábios de Cordélia, com este verso:

Esta pena se agita: ela vive!

Mr. Booth,[3] que transmitia ao seu *Lear* muita nobreza e paixão, desarraigava um pouco de penugem do seu arminho arqueologicamente incorreto, mas o efeito de Salvini era mais belo, mais verdadeiro. Os que viram Mr. Irving[4] no último ato de *Ricardo III* não se esqueceram de quanto o terror e a agonia de seu sonho eram aumentados por este contraste com o

---

2. Trágico italiano, outrora admirável em *Otelo* e *Rei Lear*.
3. Célebre ator norte-americano.
4. Grande trágico inglês.

repouso, a calma, que o precediam, e a dicção de versos como estes, que tinham uma dupla significação para a assistência:

> *Dize-me: minha viseira está mais cômoda? E minha armadura está completa, sob minha tenda? Atenta a que o pau de minhas lanças seja sólido e pouco pesado.*

Tais versos recordavam, com efeito, as últimas palavras com que a mãe de Ricardo o perseguia, durante sua marcha para Bosworth:

> *Leva contigo a minha mais pesada maldição e que no dia da batalha ela possa abater-te mais do que a oprimente armadura que tu carregas...*

Quanto aos recursos de que dispunha Shakespeare, notemos que, se ele se queixa da estreiteza da cena, onde é forçado a dar os seus grandes dramas históricos, e da falta de maquinismos que o obriga a suprimir excelentes cenas de ar livre, sempre escreve como dramaturgo que dispõe de um guarda-roupa teatral perfeito e que pode contar com o cuidado que seus atores tomarão quanto às respectivas caracterizações. É difícil, mesmo hoje, dar uma peça como a *Comédia dos equívocos*, e devemos uma produção adequada de *A duodécima noite* ao pitoresco acaso, que quis que o irmão de Miss Ellen Terry a esta se assemelhasse. Na verdade, para levar à cena qualquer peça de Shakespeare, é indispensável um bom chefe de acessórios, um hábil fabricante de perucas, um alfaiate dotado do sentimento da cor e da ciência dos tecidos, um caracterizador experimentado em todos os métodos, um mestre de esgrima, um professor de dança e um verdadeiro artista para, pessoalmente, dirigir o conjunto. Pois ele sempre nos explica com cuidado os hábitos e a aparência de cada personagem.

"Racine abomina a realidade. Não se digna de ocupar-se de sua roupa. Se se procedesse conforme as indicações do poeta, Agamênon seria vestido de um cetro e Aquiles, de uma espada", diz Augusto Vacquerie em qualquer parte. Como Shakespeare é diferente! Ele nos indica as vestimentas de Perdita, Florisel, Autolicus, das feiticeiras de Macbeth e do boticário de *Romeu e Julieta*; descreve-nos minuciosamente o seu cavalheiro obeso e a extraordinária fatiota com a qual Petruchio deve casar-se. Rosalinda, diz-nos ele, é grande e traz uma lança e um punhal; Célia é menor e pinta a face de pardo para parecer tisnada de sol. As crianças que representam as fadas na floresta de Windsor devem ser vestidas de branco e verde — uma galanteria com a rainha, que tinha predileção por tais cores —, e os anjos dirigem-se a Catharina, em Kimbolton, cobertos de branco, com guirlandas verdes e máscaras douradas. Bottom aparece em *homespun*, Lisandro distingue-se de Oberon por trazer um vestuário ateniense e Launce apresenta furos nos sapatos. A duquesa de Gloucester mostra-se numa mortalha branca com seu esposo, de luto, ao lado dela. O traje pintalgado do Bobo; o outro, escarlate, do cardeal, e os lises franceses bordados nas vestimentas inglesas — tudo ocasiona galhofas ou sarcasmos no diálogo. Nós conhecemos os desenhos da armadura do Delfim e da espada de Pucella, a cimeira do capacete de Warwick e a cor do nariz de Bardolph. Pórcia tem cabelos dourados, Febe é morena, Orlando tem melenas castanhas e a cabeleira de sir Andrew Aguecheek pende como linho em uma roca, sem frisar-se. Certos personagens são vigorosos, outros débeis, uns direitos, outros corcundas, estes louros, aqueles morenos, e alguns devem enegrecer os semblantes. Lear tem uma barba branca, o pai de Hamleto, uma grisalha, e Benedito raspa a sua no correr da peça. Em matéria de barbas, Shakespeare é, de resto, perfeito; ele nos fala das diferentes cores em uso e avisa aos atores para que as suas sejam sempre convenientemente aplicadas!... Ele tem uma dança de segadores, com chapéus de palha de centeio, e de campônios em trajes peludos, semelhantes a sátiros, um baile de máscaras de amazonas, um de russos e outro de figuras clássicas; várias imortais cenas sobre um tecelão na cabeça de um burro; um conflito, a propósito da cor de uma casaca, que o *Lord-Mayor* de Londres deve apaziguar, e uma cena entre um marido furibundo e a modista de sua mulher, provocada pelo corte de uma manga. As metáforas e aforismos que Shakespeare tira da roupagem, seus ataques às modas da época, principalmente ao molde ridículo dos chapéus das damas, e as numerosas descrições do *mundus muliebris*, desde a canção de Autolicus, no *Conto de inverno,* até a descrição do vestido da duquesa de Milão, no *Muito barulho por nada*, são em número que desafia a citação. Pode-se afinal lembrar que toda a filosofia da vestimenta está na cena de Lear com Edgar, passagem que tem a excelência da brevidade e do estilo sobre a grotesca sabedoria e a metafísica de trejeitos de *Sartor Resartus.*

Não se evidencia, porém, do que eu tenho dito que Shakespeare se interessava muito pelo vestuário? Não nesse sentido superficial que permite considerá-lo, dado o seu conhecimento das pessoas e das prímulas, como o Blackstone e Paxton do tempo de Isabel, mas porque compreendia que o vestuário pode impressionar artisticamente o público e exprimir o caráter de certos personagens, formando um dos expedientes essenciais de que dispõe um verdadeiro ilusionista. Para ele, a vil figura de Ricardo valia tanto quanto a graça de Julieta; e coloca a sarja do radical ao lado da seda do senhor e nisto só vê os efeitos cênicos a tirar; interessa-se tanto por Caliban como por Ariel, pelos farrapos como pelos fatos dourados, e reconhece a beleza artística da desformidade.

A dificuldade que experimentou Ducis para traduzir *Otelo*, devido à importância dada à palavra "lenço", e a sua tentativa de suavizar a aspereza, fazendo o Mouro repetir: "*Le bandeau!*

Le bandeaul",[5] tornam bem dessemelhantes *la tragédie philosophique* e o drama da vida real; a introdução, pela primeira vez, da palavra *mouchoir* — "lenço" — no teatro francês data desse movimento romântico-realista, de que Hugo é o pai e Zola o *enfant temble*; assim, o classicismo da primeira metade do século foi acentuado pela recusa de Talma de representar os heróis gregos de peruca, um dos numerosos exemplos, notemos, da observância da exterioridade arqueológica, que tanto distinguiu os grandes atores de nossa época.

Criticando a importância dada ao dinheiro na *Comédia humana*, Theophile Gautier proclama que Balzac pode orgulhar-se de haver introduzido um novo herói na ficção, o *herói metálico*. De Shakespeare pode dizer-se que ele foi o primeiro a compreender não só o valor dramático dos jalecos, como o efeito considerável que pode depender de uma crinolina!

O incêndio do Teatro do Globo — acontecimento devido, seja dito de passagem, a esse fervor pela ilusão que distinguia a direção cênica de Shakespeare — privou-nos, infelizmente, de documentos importantes e numerosos; mas o inventário, ainda existente, de um teatro de Londres do tempo de Shakespeare menciona trajes especiais para cardeais, pastores, reis, *clowns*, monges e jograis; fatos verdes para os homens de Robin Hood[6] e um vestido verde para *Maid* Marian; um gibão branco e ouro para Henrique v e uma túnica para Longshanks; além disso, sobrepelises, capuzes, togas adamascadas, togas de tecido dourado ou prateado, roupões de tafetá, de algodão, casacas de veludo, de cetim, coletes de couro amarelo e couro negro, trajes vermelhos, pardos e de *pierrot* francês, uma túnica "para tornar invisível" que, por três libras e dez xelins, não

---

5. "A faixa! A faixa!"
6. Salteador legendário, de que Shakespeare fez um dos seus personagens. *Maid* Marian era sua amante.

parece dispendiosa, e quatro incomparáveis anáguas. Tudo isso não revela o desejo de destinar a cada personagem uma veste apropriada? Estão inscritos também: vestuários espanhóis, mouriscos, dinamarqueses, elmos, lanças, escudos pintados, coroas imperiais e tiaras papalinas, fardas de janízaros turcos, uniformes de senadores romanos e roupas para todos os deuses e deusas do Olimpo, o que demonstra quanto o *manager* do teatro buscava a exatidão arqueológica. É verdade que ali se faz menção de um colete para Eva — mas, com certeza, a peça se desenrolava depois do pecado!

Afinal, quem examina de perto a época de Shakespeare constata que a arqueologia é uma de suas características especiais. Depois dessa ressurreição de formas arquiteturais clássicas, que foi um dos aspectos da Renascença, e da impressão em Veneza e alhures das obras-primas das literaturas grega e latina, despertou-se naturalmente o interesse pela decoração e os costumes do mundo antigo. Os artistas estudavam-nos, não com o mero intuito de aprender, mas pelo novo encanto descoberto em tais estudos. Os curiosos objetos que as escavações traziam constantemente à luz não caíam na poeira de um museu para a contemplação de um diretor embotado e o fastio de um policial, a quem enfada a ausência do crime. Aproveitavam-se então esses objetos como motivos de uma nova arte, não somente bela, mas estranha também.

Relata-nos Infessura que, em 1485, operários, cavando a via Apia, encontraram um velho sarcófago romano com o nome de "Júlia, filha de Claudius". No flanco de mármore do cofre, descobriram o corpo de uma bela moça, de 15 anos aproximadamente, preservada, por um embalsamamento hábil, da corrupção e da ruína do tempo. Seus olhos estavam entreabertos, sua cabeleira de ouro ondulava ao redor do corpo e a flor da pura juventude ainda não desaparecera de suas faces e lábios. Conduzida ao Capitólio, imediatamente tornou-se o centro de um culto novo; de toda a cidade correram os peregrinos a adorar o altar maravilhoso, até que o papa, receando que, por haverem descoberto o segredo da beleza em um túmulo pagão, os homens esquecessem os segredos contidos no túmulo grosseiramente talhado na rocha da Judeia, fez conduzir longe, à noite, e incinerar secretamente o belo corpo. Esta legenda tem, ao menos, o valor de mostrar-nos a atitude da Renascença em face do mundo antigo. A arqueologia não era uma ciência para os antiquados, mas um meio de animar o seco pó da Antiguidade, com a graça e a respiração da vida, e de encher com o novo vinho do romantismo as formas que, noutra circunstância, seriam velhas e decrépitas. Do púlpito de Nicolau Pisano até ao *Triunfo de César*, por Mantegna, e à baixela que Cellini desenhou para o rei Francisco, seguem-se influência desse espírito; que não se confinava simplesmente nas artes imóveis — nas artes de movimento retido —, mas era também observado nas grandes mascaradas greco-romanas, divertimento das alegres cortes da época, e nas pomposas procissões públicas com que as grandes cidades comerciais acolhiam os seus visitantes principescos; tais espetáculos eram julgados tão importantes, que deles se faziam e se publicavam enormes estampas, o que bastante prova o interesse ligado à matéria, nesse tempo.

O emprego da arqueologia nos espetáculos, longe de concorrer para a vaidade pedantesca, parece-me, sob todos os aspectos, legítimo e belo, pois a cena não traduz somente a reunião de todas as artes, mas também o reflexo da arte à vida. Às vezes, em um romance arqueológico, o uso de formas estranhas e desusadas parece ocultar a realidade sob a erudição, e ouso dizer que muitos leitores de *Notre-Dame de Paris* se sentiram embaraçados ante expressões tais como *casaque à mahoitres*, *les voulgiers*, *te gallimard taché d'encre*, *les caraquiniers* etc. Na cena, porém, que diferença! O mundo antigo desperta de seu sono e a história se move à nossa frente, em espetáculo, sem obrigar-nos a recorrer a um dicionário ou a uma enciclopédia. E é muito útil que o público conheça as autoridades que determinam o cenário de uma peça. Com materiais ignorados da maioria dos indivíduos, tais, por exemplo, como o disco de Teodósio, Mr. E.W. Godwin,[7] um dos mais artísticos espíritos da Inglaterra neste século, criou o maravilhoso encanto do primeiro ato de *Claudian* e nos exibiu a vida de Bizâncio do século IV, não por uma lúgubre leitura e uma multidão de negras figurinhas, não com um romance que precisa de glossário, mas pela representação visível da glória da grande cidade. Enquanto as roupagens eram verdadeiras até nos menores pontos de cor e desenhos, os detalhes não tomavam, uma importância anormal, como sucede necessariamente em uma leitura fragmentada; ao contrário, subordinavam-se às regras da alta composição e à unidade do efeito artístico.

Mr. Symonds, falando dessa grande pintura de Mantegna, que se acha atualmente em *Hampton Court*, diz que o artista converteu um motivo de antiquário em um tema para *melodias de linhas.* Poder-se-ia apreciar do mesmo modo a cena de Mr. Godwin. Nela descobrem pedantismo exclusivamente esses imbecis, mudos e cegos, segundo os quais a cor destrói a paixão de uma peça. A citada cena, não somente perfeita pelo seu lado pitoresco, mas absolutamente dramática, desembaraçada de descrições fastidiosas e desnecessárias, mostrava-nos, pela cor e pelo caráter do vestuário de Claudian e dos de seu séquito, toda a natureza e vida do homem, desde a escola filosófica que o atraía até aos cavalos sobre os quais apostava no circo de corridas.

Afinal, a arqueologia não é deliciosa senão artisticamente transposta. Não quero depreciar os serviços de laboriosos

7. (1833-1886), arquiteto e esteta que inovou os espetáculos ao ar livre.

eruditos, mas creio que o uso feito por Keats do dicionário de Lemprière é de muito maior valor que o sistema do professor Max Müller[8] de tratar a mesma mitologia como uma moléstia da linguagem. Antes *Endimião* que qualquer teoria, embora sensata, ou, como neste caso, falsa, de uma epidemia entre os adjetivos! E quem não sente que a principal glória do livro de Piranesi sobre os vasos é a de haver sugerido a Keats a sua "Ode a propósito de uma urna grega"? A arte, unicamente a arte, empresta beleza à arqueologia; e a arte teatral pode empregá-la mais diretamente, de maneira mais viva, porquanto combina, em uma estranha representação, a ilusão da vida verdadeira com a maravilha do mundo irreal.

E o século XVI não foi somente a idade de Vitruvius, mas também a de Vesalius! Cada país, de súbito, se interessa pelos trajes de seus vizinhos. A Europa põe-se a examinar seus hábitos, e o número de livros então publicados sobre os enroupamentos nacionais é deveras extraordinário. No princípio do século, a *Crônica de Nuremberg*, com suas duas mil ilustrações, atingia à quinta edição, e, antes do fim, foram publicadas 17 edições da *Cosmografia* de Münster. Além disso, houve também as obras de Michael Colyns, de Hans Weigel, de Amman e do próprio Vesalius, todas bem ilustradas; em Vesalius, alguns desenhos são provavelmente de Ticiano.

Não era, porém, somente nos livros e tratados que se adquiria tal ciência. O hábito crescente das viagens, o aumento das relações internacionais de comércio e a frequência das missões diplomáticas ofereciam a cada povo muitas ocasiões de estudar as diversas formas da vestimenta contemporânea. Após a partida da Inglaterra, por exemplo, dos embaixadores do czar, do sultão e do príncipe de Marrocos, Henrique VIII e seus amigos

---

8. (1823-1900), cientista alemão e autor, após viagens e escavações, de *Troia e seus restos*.

deram vários bailes de máscara, com fantasias de arremedo aos seus visitantes. Mais tarde Londres viu, talvez frequentemente, o sombrio esplendor da corte espanhola, e vieram enviados de todos os países, cujos fardamentos — diz-nos Shakespeare — muito influíram sobre a moda inglesa.

E o interesse não se limitava às roupagens clássicas ou às das nações estrangeiras: faziam-se pesquisas — promovidas sobretudo pelos homens de teatro — entre as velhas modas inglesas; e quando Shakespeare exprime, em um prólogo, o seu pesar por não poder apresentar elmos da época, escreve tanto como empresário quanto como poeta do tempo de Isabel. Em Cambridge, por exemplo, nessa época, uma peça, *Ricardo III*, foi desempenhada por atores revestidos de roupas do tempo, obtidas da grande coleção de vestes históricas da Torre de Londres, sempre aberta aos diretores de teatro e posta, às vezes, à sua disposição. Sob o ponto de vista da encenação, esta peça, tal como a montou Garrick, devia ser muito mais artística que a de Shakespeare sobre o mesmo assunto; sabe-se que o célebre ator nela apareceu em um indescritível hábito de fantasia, enquanto os demais intérpretes traziam vestes do tempo de Jorge III, sendo Richmond, de jovem guarda, admirado principalmente, entre todos.

Com efeito, qual é a utilidade para a cena dessa arqueologia, espanto dos críticos, senão a de fornecer-nos, e ela somente, a arquitetura e o aparato exigido pela época da peça? Graças a ela, podemos ver um grego vestido como os gregos e um italiano como os demais italianos; graças a ela, gozamos das arcadas de Veneza, dos balcões de Verona e, se a peça é concernente a uma das grandes eras da história de nosso país, contemplamos essa época vestida como era, e o rei no seu feitio habitual de viver. De passagem, quisera saber o que lorde Lytton teria dito, há algum tempo, no *Princess's Theatre*, se o pano se erguesse sobre o "Brutus" de seu pai, apoiado a uma poltrona do tempo da rainha Anna, de peruca esvoaçante e roupão colorido de flores, traje que o último século considerava como especialmente ajustado a um romano antigo? Nesses felizes tempos do drama, nenhuma arqueologia perturbava a cena ou afligia os críticos; nossos avós, pouco artistas, suportavam pacificamente uma sufocante atmosfera de anacronismos e viam, com a calma complacência da idade da prosa, um lachimo empoado e em percale, um Lear com punhos de rendas e uma lady Macbeth sob uma grande crinolina! Posso compreender que se ataque a arqueologia, pelo seu realismo, às vezes excessivo; mas atacá-la como um pedantismo é ir além do objeto. De resto, atacá-la por qualquer motivo é tão estólido quanto falar sem respeito da linha do Equador! A arqueologia, na sua qualidade de ciência, não é nem boa nem má: é apenas um simples fato. O seu valor depende inteiramente da maneira como é empregada, e só um artista sabe fazê-lo. Nós nos dirigimos aos arqueólogos para os materiais e aos artistas para o método.

O desenhista de figurinos e decorações de qualquer peça shakespeariana deve primeiro estabelecer a data do drama. O espírito geral da peça a determina melhor que as alusões históricas, que possam nela encontrar-se. Muitos *Hamletos* vistos por mim eram acomodados muito cedo. Hamleto parece-me essencialmente um discípulo da Renascença das Letras; e se a alusão à recente invasão da Inglaterra pelos dinamarqueses o recua até ao século IX, em compensação o uso dos floretes o apresenta muito mais tarde... Uma vez estabelecida a data, o arqueólogo fornece os documentos que o artista converterá em efeitos.

Os anacronismos de suas peças bem mostram — já se disse — que Shakespeare desdenhava a exatidão histórica; ligou-se uma grande importância às indiscretas citações de Aristóteles por Heitor. Mas esses anacronismos são, na realidade, pouco numerosos e pouco importantes; e, se um irmão artista atraísse sobre eles a atenção de Shakespeare, este certamente os teria corrigido. De fato, embora neles não assente o qualificativo de defeitos, não constituem, certamente, as grandes belezas de sua obra; ou, pelo menos, se as constituem, a sua graça anacrônica não pode ter valor, senão quando a peça esteja montada exatamente e segundo a data conveniente!

As peças de Shakespeare, vistas em conjunto, são notáveis pela sua extraordinária fidelidade, ante personagem e intrigas. Muitas *dramatis personae* existiram realmente; uma parte do auditório pudera conhecê-las na vida real. Aliás, o mais violento ataque de que Shakespeare, em seu tempo, foi objeto originou-se a propósito de sua suposta caricatura de lorde Cobham. Quanto a suas intrigas, Shakespeare sempre as tira, quer da autêntica história, quer das velhas baladas e tradições que serviam de história ao público do tempo de Isabel e que nenhum historiador hodierno repudiaria como absolutamente falsas. Ele escolhia o fato e não a fantasia como base de suas obras imaginativas e dava a cada uma de suas peças o caráter geral, "a atmosfera social", da verdadeira época. Ele reconhece a estupidez como um dos caracteres permanentes de toda a civilização europeia; assim não vê diferença entre uma populaça de Londres do seu tempo e uma populaça romana da idade pagã, entre um tolo espia de Messina e um tolo juiz de paz de Windsor. Quando, porém, se ocupa de personagens mais elevados, dessas exceções de cada época, que são tão belas a ponto de formarem os tipos, imprime-lhes rigorosamente a característica do respectivo tempo. Virgília é uma dessas esposas romanas, sobre o túmulo das quais se lia — *Domi mansit lanam fecit*, tão certamente como Julieta é a moça romântica da Renascença. Ele observa até os distintivos de cada raça. Hamleto tem toda a imaginação e a irresolução dos povos setentrionais, e a princesa Catarina é tão inteiramente francesa como a heroína de *Divorçons*. Henrique v é um puro inglês e Otelo um verdadeiro mouro.

E quando Shakespeare se ocupa da história da Inglaterra, do século xiv ao xvi toma um admirável cuidado com a exatidão de seus fatos — aliás, acompanha Holinshed com uma curiosa fidelidade. As guerras incessantes entre a França e a Inglaterra ele as descreve com extraordinária precisão — levada até aos nomes das cidades sitiadas, aos portos de abordagem e embarque, lugares e datas de batalhas, títulos de comandantes dos dois países e listas de mortos e feridos. A propósito das guerras civis das Rosas, oferece-nos genealogias perfeitas dos sete filhos de Eduardo iii e discute longamente as querelas das casas rivais, de York e de Lancaster; se a aristocracia inglesa não lê Shakespeare como poeta, deve certamente lê-lo como uma sorte de Pariato da primeira hora. Não há talvez um único título na Câmara Alta, à exceção, bem entendido, dos títulos sem interesse tomados por homens da lei, que não apareça em Shakespeare com muitos detalhes de história familiar, dignos ou não de fé. Se é deveras necessário que as crianças, na escola, conheçam a fundo as guerras das Rosas, elas podem estudá-las tão bem em Shakespeare como em livros de classe de um xelim, e isto, não preciso dizê-lo, com muitíssimo mais agrado. No tempo mesmo de Shakespeare, este emprego de suas peças era conhecido. "As peças históricas ensinam a história aos que não podem lê-la nas *Crônicas*", diz Heywood em um tratado sobre o teatro, o que, além de tudo, me traz a certeza de que as Crônicas do século xvi eram bem mais deliciosas de se ler que os livros de classe do século xix.

Naturalmente, o valor estético das peças de Shakespeare não depende no menor grau da sua trama, mas da sua verdade, e a verdade é sempre independente dos fatos, que ela inventa ou escolhe a seu prazer. Mas o emprego dos fatos por Shakespeare forma uma parte muito interessante do seu método de trabalho, que nos mostra a sua atitude perante a cena e a grande arte da ilusão. Ele se sentiria surpreso vendo classificarem-lhe as peças entre os "contos de fadas", como o faz lorde Lytton; pois um dos seus fins consistia em criar para a Inglaterra um drama histórico nacional, tratando de incidentes bem conhecidos do público e desses heróis que vivem na memória de um povo. O patriotismo, evidentemente, não é uma qualidade artística necessária; mas significa, para o artista, a substituição de um sentimento universal por um sentimento individual e, para o público, a representação de uma obra de arte sob uma forma mais atraente e popular. Os primeiros e os últimos sucessos de Shakespeare foram peças históricas.

É possível que se pergunte de Shakespeare sobre vestuário! Eu respondo que um dramaturgo como este, que dá tanta importância à exatidão histórica do fato, teria acolhido a exatidão histórica do traje como uma necessária junção ao seu método de ilusão. E não hesito em dizer que assim foi. A alusão aos capacetes do período, no prólogo de *Henrique v*, pode ser considerada como fantasista, embora Shakespeare deva ter visto com frequência:

O próprio capacete,
espantalho dos ares de Agincourt,

lá, onde se acha ainda pendurado, nas espessas trevas da abadia de Westminster, ao lado da sela desse "filho da glória" e do escudo amassado, guarnecido de veludo azul em molambos e de lilases de ouro desluzente; mas o uso de saias de malha em *Henrique vi* é de pura arqueologia, pois não se as usava no século xvi, e a própria cota militar do rei, posso mencioná-lo, achava-se ainda suspensa sobre o seu sarcófago, no tempo de Shakespeare, na capela de São Jorge, em Windsor. Até à época do desgraçado triunfo dos Filisteus, em 1645, as capelas e catedrais da Inglaterra eram grandes museus nacionais de arqueologia e abrigavam as armaduras e vestes dos heróis da história inglesa.

Naturalmente, um certo número era conservado na Torre e, mesmo no tempo de Isabel, os viajantes vinham ver curiosas relíquias do passado, tais como essa enorme lança de Brandon, que ainda provoca, creio eu, a admiração dos nossos visitantes provinciais; as catedrais, porém, e as igrejas eram em geral escolhidas como os mais convenientes abrigos das antiguidades históricas. Canterbury ainda nos mostra o elmo do Príncipe Negro; Westminster, os mantos de nossos reis, e o próprio Richmond alçou à velha São Paulo a bandeira que ondulara sobre os campos de Bosworth.

Shakespeare via, pois, por toda parte, ao redor de si, em Londres, as vestimentas e acessórios anteriores à sua época, e não se pode duvidar de que haja aproveitado essas ocasiões. O emprego da lança e do escudo, por exemplo, tão frequente em suas peças, é tirado da arqueologia e não da moda militar de seu tempo; o uso que geralmente faz da armadura não caracterizava a sua época — quando as armaduras desapareciam rapidamente diante das armas de fogo. De outro lado, a cimeira do elmo de Warwick, tão importante em *Henrique VI*, é absolutamente correta no século XVI, época da peça, mas já não o teria sido em um drama do tempo de Shakespeare, quando plumas e penachos haviam substituído as cimeiras — moda que vinha da França, conforme aprendemos em *Henrique VIII*. Para as peças históricas, o uso da arqueologia é certo, e para as outras também, eu não tenho dúvida. A aparição de Júpiter sobre a sua águia, com o raio na mão, de Juno com seus pavões e de íris com seu arco multicor, a mascarada das Amazonas e a das Cinco Eminências — tudo pode ser considerado como arqueológico. E a visão de Póstumo na prisão de Sicilius Leonatus, "de um velho vestido de guerreiro, conduzindo uma matrona idosa", também o é claramente. Já falei do "vestuário ateniense", que distingue Lisandro de Oberon. Mas um dos exemplos mais frisantes é o caso da vestimenta de Coriolano, para a qual Shakespeare vai diretamente a Plutarco. Este historiador nos fala, na *Vida* do romano ilustre, da guirlanda de carvalho com a qual Caius Marius foi coroado e em que curioso trajar, segundo uma antiga usança, teve ele que cabalar os seus eleitores; sobre estes dois pontos, entra em longas pesquisas e examina a origem e a significação das velhas túnicas. Shakespeare, como legítimo artista, aceita os fatos dos antiquários e os converte em efeitos pitorescos e dramáticos; na verdade, a roupagem da humildade, "a roupagem de pelego", como diz Shakespeare, é a nota central da peça. Poderia citar outros casos, mas esse basta para tornar-nos evidente que, montando uma peça com o exato vestuário da época, conforme as melhores autoridades, satisfazemos os desejos e nos conformamos com o método de Shakespeare.

Suponhamos que eu me engane: não há mais razão para as imperfeições que talvez caracterizaram o cenário de Shakespeare do que para fazer um mancebo representar Julieta ou abandonar as vantagens modernas do cenário móvel! Uma grande obra de arte dramática não deve limitar-se a exprimir a paixão moderna somente por meio do ator; deve ser-nos apresentada sob a forma que melhor convém ao espírito moderno. Racine dava seus espetáculos romanos vestido à Luís XIV e em uma cena atravancada de espectadores; mas nós já precisamos de condições diferentes para apreciar a sua arte. A perfeita exatidão de detalhes, visando à perfeita ilusão, nos é necessária. Os detalhes, bem entendido, não devem tomar o lugar principal, mas subordinar-se ao tema da peça. Demais, em arte, subordinação não significa desprezo da verdade, mas conversão de fatos em efeitos e que cada detalhe possui seu valor relativo.

Os detalhes da história e da vida doméstica — diz Hugo — *devem ser escrupulosamente estudados e reproduzidos pelo poeta, mas unicamente como meios de aumentar a realidade do conjunto e fazer penetrar até aos cantos mais obscuros da obra essa vida geral e poderosa em meio da qual os personagens são mais verdadeiros e as catástrofes, consequentemente, mais pungentes. Tudo deve ser subordinado a esse fim. O Homem no primeiro plano, o resto no fundo.*

Esta passagem nos interessa como procedente do primeiro grande dramaturgo francês, que empregou a arqueologia em cena e cujas peças, embora de uma perfeita correção de detalhes, são conhecidas de todos pela sua paixão, não pelo seu pedantismo, pela sua vida e não pela ciência. Afinal, ele faz certas concessões, principalmente quanto ao emprego de algumas expressões bizarras e estranhas. Ruy Blas fala de M. de Priego como de um "*sujet du roi*" em vez de um "*noble du roi*", e Ângelo Malipieri fala da "cruz vermelha", em vez de falar da "cruz de goles". São, porém, concessões feitas ao público, ou antes a uma parte do público. "Apresento aqui todas as minhas desculpas aos espectadores inteligentes" — diz ele, em nota — "esperemos que um dia um senhor veneziano possa enunciar sem cerimônia, sem perigo, o seu brasão no teatro. É um progresso que há de vir." E embora a descrição da armaria não seja em linguagem exata, entretanto, a própria armaria é apresentada exatamente. Pode-se afirmar que o público não observa tais coisas; mas a arte não tem outro fim senão a sua própria perfeição, avança conforme suas leis e Hamleto louva abertamente a peça que ele considera "caviar para o povo".

Depois, o público inglês passou por uma transformação; ele aprecia a beleza muito mais profundamente que outrora e, embora pouco familiarizado com as autoridades e as datas arqueológicas do que lhe é mostrado, não deixa de sentir o seu encanto. E isto é o importante. Antes colher-se o prazer em uma rosa do que colocar a sua raiz sob o microscópio. A exatidão é simplesmente uma condição e não a *qualidade* da ilusão cênica. E no seu desejo de que as vestes sejam simplesmente belas, sem exatidão, lorde Lytton desconhece a natureza do vestuário e o seu valor sobre a cena. Este valor é duplo: pitoresco e dramático — segundo a cor do tecido, seu desenho e seu caráter. Mas essas qualidades intimamente se enredam; e cada vez que no nosso tempo a precisão histórica foi desprezada e as várias roupagens de uma peça tomadas de idades diferentes, a cena tornou-se um caos de vestuário, uma caricatura de todos os séculos, um fantástico baile de máscaras, para completa ruína de todo efeito pitoresco ou dramático, pois os figurinos de uma época não se harmonizam artisticamente com os de outra, e embrulhar as modas é embrulhar a peça. O vestuário constitui um desenvolvimento, uma evolução e um sinal importante, o mais importante talvez, dos hábitos, das maneiras e modas, da vida de cada século. O horror puritano da cor, do ornamento e da graça na vestimenta foi uma parte da grande revolta das classes médias contra a Beleza no século XVII. Se desdenhasse isso, um historiador nos daria uma pintura bem inexata da época, assim como um autor dramático deixaria escapar um elemento vital de ilusão. O traje afeminado que caracteriza o reinado de Ricardo II foi um tema constante para os autores contemporâneos. Shakespeare, dois séculos depois, dá em sua peça uma grande importância ao amor do rei pelos alegres moldes e modas estrangeiras; por exemplo, nas censuras de João de Gant e no discurso de Ricardo, no terceiro ato, sobre a sua deposição do trono. E parece-me certo que Shakespeare examinou o túmulo de Ricardo na abadia de Westminster, segundo a tirada de York:

Vede, vede, o rei Ricardo aparece em pessoa, como o Sol descontente sai enrubescido do portal inflamado do Oriente e percebe que nuvens invejosas se aprestam a obscurecer-lhe a glória.[9]

Pois podemos ainda discernir sobre a roupa do rei as suas insígnias favoritas: o Sol saindo de uma nuvem. Em qualquer época, as condições sociais encontram tais exemplos no vestuário que representar uma peça do século XVI pelos figurinos do século XIV, ou vice-versa, seria fazê-la inverossímil, por fazê-la sem verdade. E, preciosa como efeito cênico, a mais apurada beleza não é simplesmente compatível com a absoluta exatidão de detalhe, mas disso depende. Salvo nos domínios do burlesco ou do extravagante, é impossível inventar um enroupamento inteiramente novo; e quanto a combinar os trajes de diferentes séculos em um só, a experiência seria perigosa; Shakespeare opinou sobre o valor artístico de um tal guisado, na sua incessante sátira dos dândis do tempo de Isabel, que se acreditavam bem vestidos porque seus gibões vinham da Itália, seus chapéus, da Alemanha e seus calções, da França.

Notemos que as mais adoráveis cenas do nosso teatro são as que uma exatidão perfeita caracterizava; por exemplo, os festivais de teatro do século XVIII em Haymarket, por Mr. e Mrs. Brancoft;[10] as soberbas representações do *Muito barulho por nada* por Mr. Irving, e o *Claudian* de Mr. Barret. Além disto, e tal é talvez a mais completa resposta à teoria de lorde Lytton, é bom lembrar que nem nas roupas, nem no diálogo reside a beleza a que visa sobretudo o dramaturgo. Querer que os personagens sejam característicos não é pretender mais que todos sejam

---

9. Wilde engana-se atribuindo ao duque de York a tirada que compara Ricardo ao Sol. Ela pertence a Bolingbroke.

10. Mr. Brancoft (1841-1926) — hoje sir Brancoft — e sua esposa, especialistas em reconstituições de velhas peças.

belos; nem lhes desejar belas naturezas ou que se exprimam em puro inglês. O verdadeiro dramaturgo mostra-nos a vida nas condições da arte e não a arte na forma da vida. A vestimenta grega era a mais graciosa que o Universo até hoje tem visto, e a fatiota inglesa do último século, uma das mais monstruosas; não se pode, portanto, vestir uma peça de Sheridan como uma peça de Sófocles. Porquanto, assim como Apolônio o disse em sua excelente conferência — pela qual, muito feliz, tenho ensejo de exprimir a minha gratidão —, uma das primeiras qualidades de todo vestuário é a sua *expressão*. E o estilo afetado das roupas do último século era a natural característica de uma sociedade de maneiras afetadas e conversação afetada — uma característica que o dramaturgo realista muito apreciará, até nos seus menores detalhes, e de que somente a arqueologia poderá fornecer-lhe os materiais.

Não é, porém, bastante a exatidão de uma vestimenta; ela deve também convir com o aspecto do ator, com a sua suposta condição e o seu modo de representar a peça. Por exemplo, nas representações por Mr. Hare do *Como quiserdes*, em Saint James, quando Orlando se queixava de haver sido educado como um rústico e não como um *gentleman*, toda a importância da passagem era prejudicada pela suntuosidade de sua roupa; a pompa do duque banido e de seus amigos desagradava. Em vão Mr. Lewis Wingfield explicou que as leis suntuárias da época o exigiam. Os indivíduos fora da lei, que se ocultam na floresta e vivem de sua caça, pouco se preocupam com regulamentos sobre vestuários. Vestem-se, sem dúvida, como as figuras de Robin Hood, às quais, aliás, os compara uma passagem da peça. E pode-se ver, pelas palavras de Orlando, quando cai sobre eles, que seus trajes não são os de gentis-homens perfeitos. Ele os toma por bandidos e maravilha-se da cortesia de suas respostas!

As representações por lady Campbell e Mr. Godwin da mesma peça, no bosque de Combe, pareceram-me muito mais artísticas. O duque e seus companheiros traziam túnicas de sarja, coletes de couro, altas botas, luvas, chapéus revirados, capuzes. Achavam-se, tenho certeza, muito comodamente vestidos para representar em uma verdadeira floresta. As cores de suas roupas estavam admiravelmente combinadas; o pardo e o verde harmonizavam-se esquisitamente com os fetos por entre os quais caminhavam, as árvores sob as quais se estendiam, a adorável paisagem inglesa que enquadrava esse espetáculo agreste. A exatidão, a apropriação de tudo quanto traziam, emprestavam um perfeito natural à cena. A arqueologia não podia passar por mais severa prova, nem sair mais triunfalmente. O conjunto da representação demonstrava, uma vez por todas, que, se uma roupa não é arqueologicamente correta e artisticamente apropriada, deixa de ser natural e verossímil: só é *teatro* no sentido de *artificial.*

E a exatidão, a apropriação, as cores felizes dos panos ainda não bastam; uma grande beleza de cor deve reinar. Enquanto um artista pintar os fundos e um outro desenhar, independentemente, as figuras do primeiro plano, haverá perigo de desarmonia na cena — que se deve considerar como um quadro. Para cada ato seria preciso estabelecer a cor temática, absolutamente como para a decoração de um aposento; por que não se misturam preliminarmente, de todos os modos possíveis, os tecidos propostos, para descobrir e abandonar os que destoam?

Quanto aos gêneros de cores, digamos primeiro que a cena brilha muitas vezes em excesso, porque os vermelhos são muito vivos e os tecidos muito novos. O vestuário seboso que, na vida moderna, não é senão a tendência das classes inferiores para o tom, tem o seu valor artístico; as cores atuais ganham frequentemente muito em serem um pouco esmaecidas. Emprega-se também muito azul; é uma cor de uso perigoso sob a luz do gás e dificilmente achável, ao menos em boa qualidade. O lindo azul da China, que tanto admiramos, leva dois anos a secar, e o público inglês não esperaria tanto tempo por uma cor. O azul irisado foi experimentado na cena, no Lyceum, por exemplo, com grande sucesso; mas, pelo que sei, todas as tentativas para obter um bom azul leve ou um bom azul carregado fracassaram completamente. Pouco se aprecia o valor do negro; Mr. Irving dele se serve no *Hamleto*, como nota central de composição, mas sua importância como tema neutro não é reconhecida. Fato curioso em um século em que a cor geral das casacas fazia Baudelaire dizer: "Nós todos celebramos algum enterro!" O arqueólogo futuro designará provavelmente a nossa época como aquela em que foi compreendida a beleza do negro; entretanto, tal beleza não é compreendida nem na cena, nem na ornamentação das moradas, embora a cor possua o mesmo valor decorativo do branco, ou do ouro e possa separar e harmonizar as demais cores.

Nas peças modernas, o fraque negro do herói vale alguma coisa por si mesmo e deveria ser destacado em um fundo conveniente. Isto raramente acontece. O único bom último plano que até hoje vi em uma peça moderna foi o cinzento escuro e branco creme do primeiro ato da *Princesa Georges*, por ocasião das representações de Mrs. Langtry. Em geral, o herói é envolvido no *bric-à-brac* e nas palmeiras, perdido no dourado abismo dos móveis Luís XIV ou reduzido a mosquito no meio da marchetaria. O último plano deveria conservar-se sempre um último plano e a cor estar sempre subordinada ao efeito. Isto só pode dar-se quando um espírito preside a toda a encenação; a arte manifesta-se de várias formas, mas o efeito artístico é essencialmente um. A Monarquia, a Anarquia e a República podem lutar para o governo das nações; mas o teatro deve estar em poder de um déspota cultivado. Pode nele haver divisão de trabalho, mas não divisão de espírito; qualquer um que compreenda o vestuário de uma época, compreenderá necessariamente a sua arquitetura e também os seus móveis:

verifica-se facilmente pelas poltronas de um século se ele era ou não um século de crinolinas. Em arte não há especialismo e uma representação verdadeiramente artística deve trazer a marca de um mestre, e de um só mestre, que não desenhe e disponha tudo, mas que tenha controle completo sobre a maneira de cada vestimenta ser usada.

Mars, logo nas primeiras representações de *Hemani*, recusou-se absolutamente a intitular o seu amante *"Mon Lion"*, a menos que lhe fosse permitido usar uma pequena touca, então muito em voga no *boulevard*; muita gente moça da nossa cena ainda entende dever usar saiotes duros de goma, sob as túnicas gregas, com inteiro prejuízo de toda delicadeza de linha e de dobras — e estas extravagâncias não deviam ser permitidas. Atores tais como Mr. Forbes-Roberson,[11] Mr. Conway,[12] Mr. Alexander[13] e outros, para não mencionar os mais velhos artistas, movem-se à vontade e com elegância na roupagem de qualquer século; muitos, porém, parecem horrivelmente embaraçados com as próprias mãos se não acham bolsos do lado, e andam sempre nos próprios trajes como se estivessem fantasiados. A caracterização pertence ao desenhista, mas as casacas, àqueles que as trazem. É também tempo de acabar com a ideia, que prevalece em cena, de que os gregos e romanos andavam sempre de cabeça descoberta, ao ar livre; os diretores do tempo de Isabel não cometiam tal erro; davam capuzes, assim como togas, aos seus senadores romanos.

Dever-se-ia aumentar o número das repetições com vestes a caráter; assim os atores chegariam a compreender que há uma

---

11. Ator especialista do repertório shakespeariano.
12. Aplaudido comediante.
13. Entre os primeiros atores e empresários de Londres, um que montou com esplendor e representou de modo notável as principais peças de Oscar Wilde.

forma de gesto e de atitude, não somente apropriada a cada molde de estilo, mas dependente deste. O uso extravagante dos braços no século XVIII, por exemplo, era o resultado necessário das grandes armações; e Burleigh devia sua solene dignidade tanto a sua gola de rufos, como ao seu raciocínio. Quando um ator não se sente bem no seu vestuário, não se sente bem no seu papel.

Não tratarei aqui do valor geral da bela roupagem, que cria no público um "temperamento artístico" e produz esse júbilo da beleza pela beleza, sem o qual as grandes obras-primas artísticas ficam incompreendidas; notemos, todavia, que Shakespeare apreciava muito esta face da questão: representava suas peças à luz artificial e em um teatro atapetado de negro.

O que tentei mostrar é que a arqueologia não é um método de pedantes, mas um método de ilusão artística, e que o vestuário constitui um meio de patentear, sem o descrever, um caráter, e de produzir situações e efeitos dramáticos. E acho lamentável que tantos críticos se tenham posto a atacar um dos mais importantes movimentos da cena moderna, antes mesmo que ele atingisse uma conveniente perfeição; há de, porém, atingi-la, tenho certeza; igualmente estou certo de que, de hoje em diante, exigiremos dos nossos críticos dramáticos novas aptidões, além de poderem recordar Macready ou de terem visto Benjamin Webster; nós lhes pediremos mesmo que cultivem em si o senso da beleza! *Pour être plus difficile la tâche n'en est que plus glorieuse.* E, se não o encorajam, ao menos não devem opor-se a um movimento que Shakespeare e todos os dramaturgos teriam francamente aprovado, pois tem a ilusão da verdade por método e a ilusão da beleza por resultado. Não que eu concorde com tudo quanto tenho dito neste ensaio. Disse muitas coisas que desaprovo. O ensaio representa simplesmente certo ponto de vista artístico, e em crítica estética a atitude é tudo. A verdade universal não existe em arte. Uma verdade, em arte, é aquela que também conta com uma contradição verdadeira. E assim como somente na crítica da arte e graças a ela podemos colher a teoria platônica das ideias, do mesmo modo somente na crítica da arte, e por ela, podemos realizar o sistema de Hegel sobre os contrários. As verdades metafísicas são as verdades das máscaras.

SOBRE O AUTOR

Oscar Wilde (1854-1900) nasceu em Dublin, na Irlanda, e mais tarde se estabeleceu em Londres, onde desenvolveu sua bem-sucedida carreira literária. Transitou com maestria por diversos gêneros, como o ensaio, a poesia, a novela, o conto, o romance e o teatro, com uma obra marcada pelo humor satírico e pela ácida crítica à sociedade. Wilde se consagrou como um dos maiores dramaturgos de todos os tempos, mas foi seu único romance, *O retrato de Dorian Gray* (1891), que se tornou sua obra-prima. Em 1895, ele foi condenado a dois anos de prisão por comportamento indecente e sodomia. Após cumprir a pena, Wilde viveu em Paris, na França, até a sua morte, em decorrência de uma meningite.

Direção editorial
Daniele Cajueiro

Editora responsável
Ana Carla Sousa

Produção editorial
Adriana Torres
Mariana Bard
Mariana Oliveira

Revisão
Júlia Ribeiro
Luiz Felipe Fonseca
Mariana Gonçalves

Projeto gráfico
Rafael Nobre

Diagramação
DTPhoenix Editorial

Este livro foi impresso em 2021
para a Nova Fronteira.